Before

シミ・シワ・たるみに白髪、ぺしゃんこヘアも怖くない！

悩みがぶっ飛ぶ

50代からのヘア&メイク術

After

Prologue ―― はじめに

50代はキレイののびしろが人生でもっともある時期。今までのメイクとヘアを更新すればグッとアカ抜ける!

50代は、女性が一段とアカ抜けるか、くすんでしまうかの分岐点です。

若いころと同じようなアイテム、手順でヘアメイクをしていると、なんだかしっくりこなくなる。

そんな〝メイクの更新タイミング〟がまさに50代なのです。

ここで、年齢に合ったアイテムやテクニックに切り替えることができれば、
誰でも本来の美しさを最大限引き出すことができます。

「もう50代だから、キレイになんてなれない」。

そんなふうに言うあなたは、方法を知らないだけ。

大丈夫、僕に任せてください。あなたのお悩み、ぶっ飛ばします!

僕は、これまで5000人以上の女性を〝美再生〟させてきた「えがお写真館」、
そして、年齢を重ねた髪の悩みに特化したヘアサロン「えがお美容室」に所属する、
メイクアップアーティストにして美容師です。

本書では、メイクとヘア、両方のプロフェッショナルとして、
50代女性を最高に輝かせるメソッドをご提案します。

自然で、その人らしいのに「ものすごくキレイになったね」と言われるヘア&メイク。

ぜひ実践してみてください。きっと鏡を見るのが楽しくなるはずです。

船津有史(ふなつゆうし)

メイクアップアーティスト&美容師。

5000人以上の女性を“美再生”させてきた「えがお写真館」と、年齢を重ね、髪のお悩みが出てきた女性に特化した「えがお美容室」に所属。

50代女性を輝かせる「リバイバルメイク」の第一人者として活躍。

雑誌・広告やアーティストなどのヘアメイクも手掛ける。

えがお写真館

本店 〒170-0002 東京都豊島区巣鴨 4-22-26 1F
巣鴨駅前店 〒170-0002 東京都豊島区巣鴨 2-9-26 2F
☎ 03-5944-5737
えがお写真館 HP
http://egao-shasinkan.jp/

えがお美容室

〒170-0002 東京都豊島区巣鴨 2-9-26 2F
☎ 03-5980-7522
えがお美容室 HP
http://egao-salon.jp/

目次

ヘアとメイクでこんなに変わる！

アラフィフになり、メイクをしても以前よりさえない感じ……そんなお悩みありませんか？ ほんの少しのコツで見違えるように変われるのです。船津流ヘア&メイクで悩みなんて吹き飛ばしてしまいましょう。どれだけ変われるか、3人の実例をご紹介します。

実例 1

髪と肌の欠点を上手に隠して美人度アップ。さえないぼんやり顔が華やかな印象に早変わり！

須田百合奈さん 47歳

メイク前のすっぴん

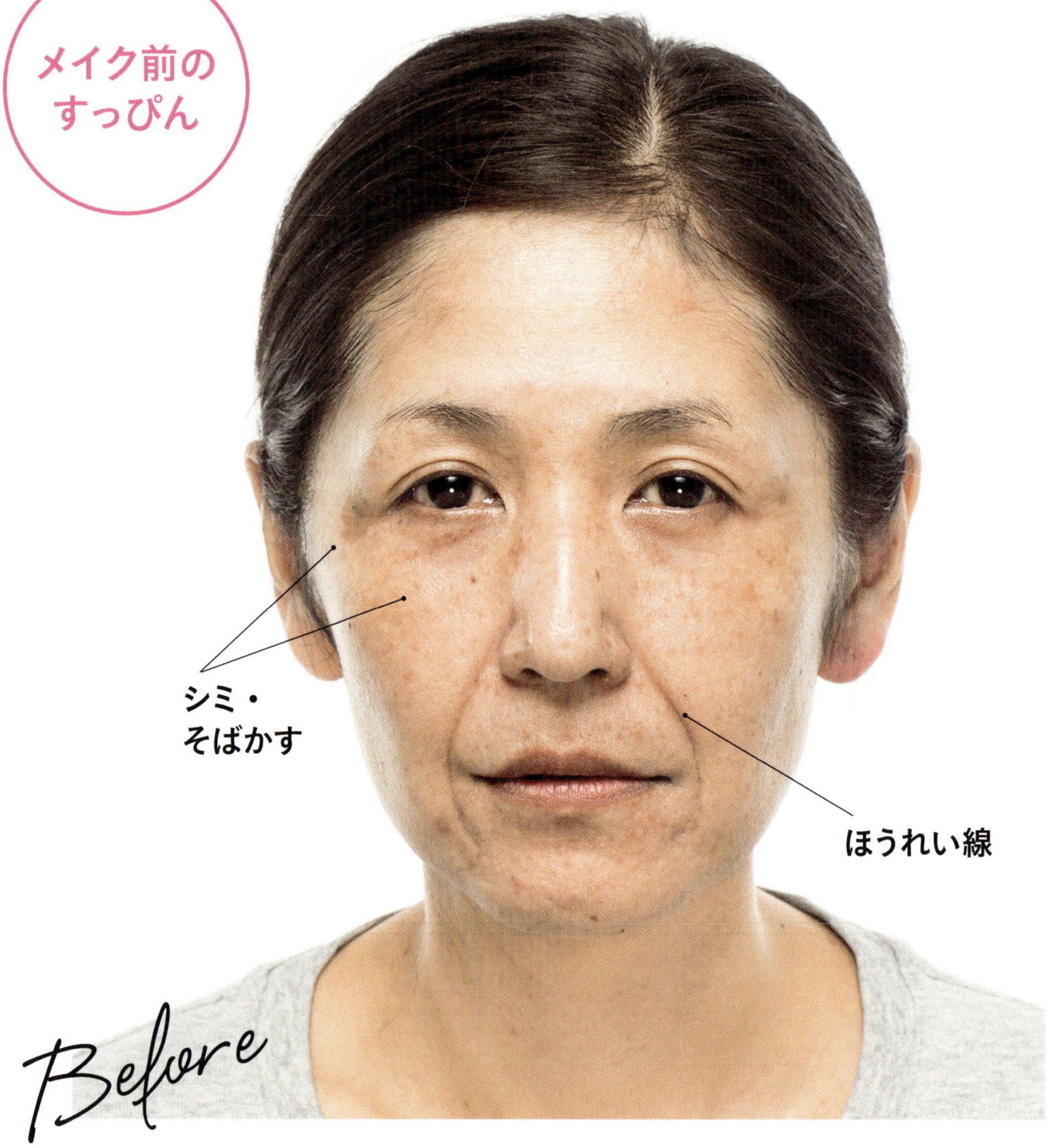

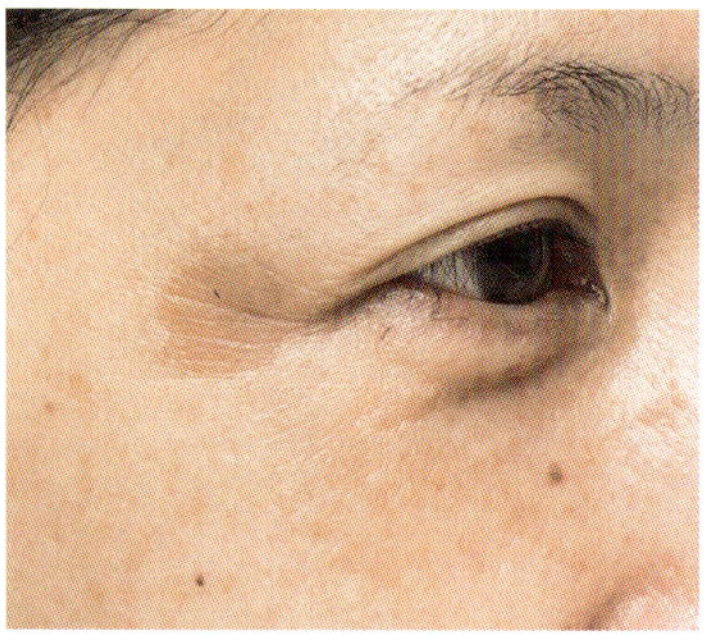

目尻にできてしまった大きなシミは年齢を感じさせる大敵！

肌の悩み

「目尻にできた大きなシミとだんだん深くなってきたほうれい線がとにかく気になります。シミは頬と鼻まわりにもできていて、最近は顔全体のくすみと目の下のクマのせいで、暗い印象になってしまいます。眉間と目尻に増えてきた小ジワも、メイクをするとかえって目立つようで、結局下地だけですませています」

メイク後

気になるシミとシワが
目立たなくなり、
目や口もとが
グッとイキイキ！

After

船津流メイクで10歳以上若見え！

顔全体のくすみをベースメイクでカバーすることで、健康的な印象に。厚塗り感はないのに、肌に適度なツヤ感が生まれたことで目の下のくすみやほうれい線が目立たなくなりました。アイカラーはマットなブラウン、アイライナーはペンシルタイプでナチュラル仕上げ。

ツヤ感のある肌づくりで
イキイキした表情に
Change!

いつものヘア&メイク

Before

ファンデーションを使って気になる部分を隠すと“塗っている感”が目立ってしまうそう。アイメイクは派手な印象になるからと、ほとんどしないそうです。眉は描いていますが、いかにも描きましたという感じ。髪は猫っ毛のくせ毛で扱いづらく、伸びてくるとうねりが強く出てスタイリングしにくいのが悩みだとか。次ページではこの 50 代の“お悩みあるある”をイッキに解消します！

セルフメイクと比べると……

プラス華やかさ！

After

華やかさアップでお呼ばれも同窓会もどんとこい！

船津流メイクでマイナス10歳の若見えに成功した須田さん。セルフメイク時の全体的に暗い印象が、ワントーン明るくなった肌で、立体感も出ました。「眉を描くのが苦手だったのですが、パウダーを使えばナチュラルな仕上がりですね」と語ります。クセを生かしたふんわりヘアが、若々しさを演出しています。

船津's POINT

顔全体をファンデーションだけで仕上げようとすると、気になるところはカバーできないのに厚塗り感が増すだけで、もったいない。下地やコンシーラーを使って気になる部分をカバーしましょう。明るい色のリップをのせることで視線が唇に集まるので、ほうれい線が目立たなくなりました。ヘアは毛先を軽くアイロンで巻いただけ。顔まわりに動きをつけることで華やかさがグッとアップして、オシャレで若々しい印象が簡単につくれます。

実例
2

気になるシミや肝斑は、ベースメイクテクで、ぺちゃんこヘアはドライヤーテクで大変身

さみしそうな印象を明るくしたい

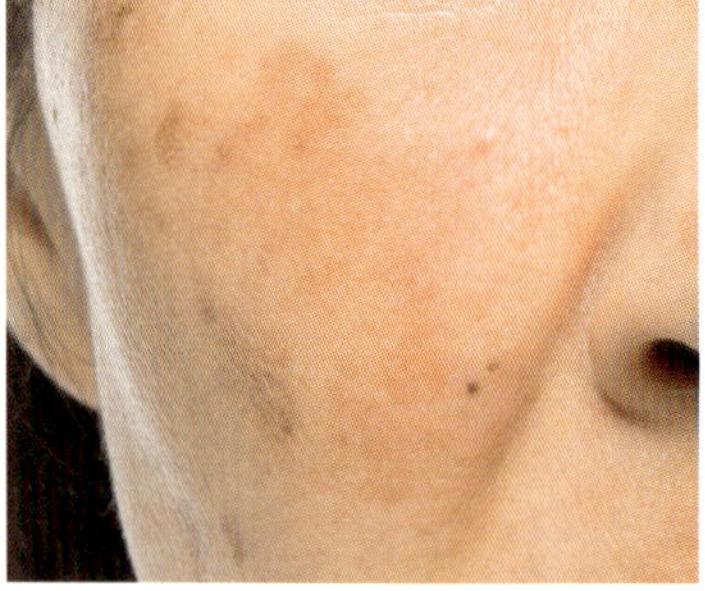

両頬に対称に出る肝斑。コンシーラーテクニックを習得すれば意外と簡単に消せます。

肌の悩み

「特に気になっているのは、両頬の頬骨辺りにある肝斑です。メイクではなかなかカバーしきれず、顔全体が、この肝斑に引きずられてさらにくすんで見えている気がします。ヘアに関しては、コシがないので、時間がたつとペタッとして老けて見えてしまいます。前髪はブローしていますがふんわりさせるのが苦手です」

西野夏子さん 56歳

メイク後

肝斑が目立たない
ツヤ肌とふんわり
前髪でトレンド感
ある仕上がりに

After

肌、髪のポイントを押さえて大変身！

きちんとしたベースメイクで肝斑をカバーするだけで、ナチュラルメイクなのに驚くほど明るい印象に。ヘアはブラシとドライヤーで簡単にセットしただけ。前髪は、分け目をふんわりさせて自然に流すだけで、やわらかくトレンド感のある仕上がりが実現します。

肌と髪にひと技で
ランクアップ美女に
Change!

**いつもの
ヘア&メイク**

Before

気になっている肝斑を隠そうと、ファンデーションはしっかりめにつけているのですが、それでも十分にカバーできていません。重ねても、肝斑のところだけファンデーションが滑ってしまうそうです。眉を描くと、きつい印象になってしまうのも悩みだとか。でも大丈夫。僕のメイクで若々しくやわらかな雰囲気に変えてみせましょう！

セルフメイクと比べると……

プラスツヤ感！

after

細顔さんのメイクのキモは単色チークとツヤ肌、ふんわりヘア！

厚塗りファンデーションでも消せなかった肝斑が完全消失！　なのに驚くほどのツヤ肌。「ベースメイクがていねいで驚いたのですが、仕上がりは自然。意外と簡単にできそうなので、自分でも挑戦したいです」。眉はアーチをつけず自然なラインで描いて若々しく。

船津'S POINT

眉のカーブをなだらかにすることで、きつい印象からやさしい雰囲気に変えることができました。お顔が細いので、チークは締め色を使わず、ソフトな明るい色を頬の高い位置を中心に入れて、若々しく見せています。またアラフィフは唇の輪郭を緩く見せるグロスよりも、肌なじみのいいリップがおすすめ。ファンデーションなどでくすみをカバーしてから塗るとキレイです。ヘアは根元から持ち上げるようにしっかり乾かすと簡単にボリュームが出せます。

お疲れ顔をイキイキさせたい

実例 3

目の下のたるみがベースメイクで消失！ ゴワつく髪はカーラーでニュアンスヘアに

メイク前のすっぴん

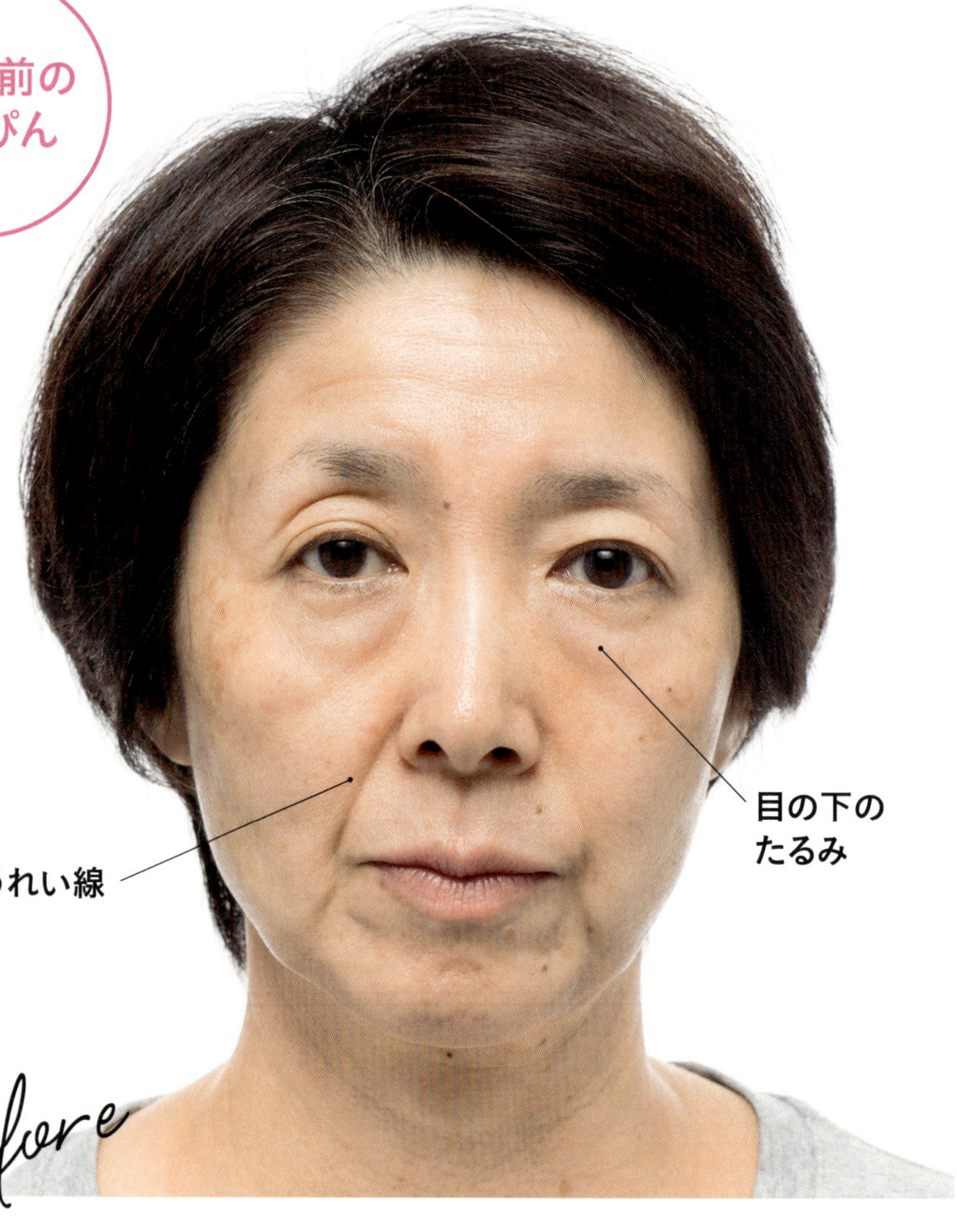

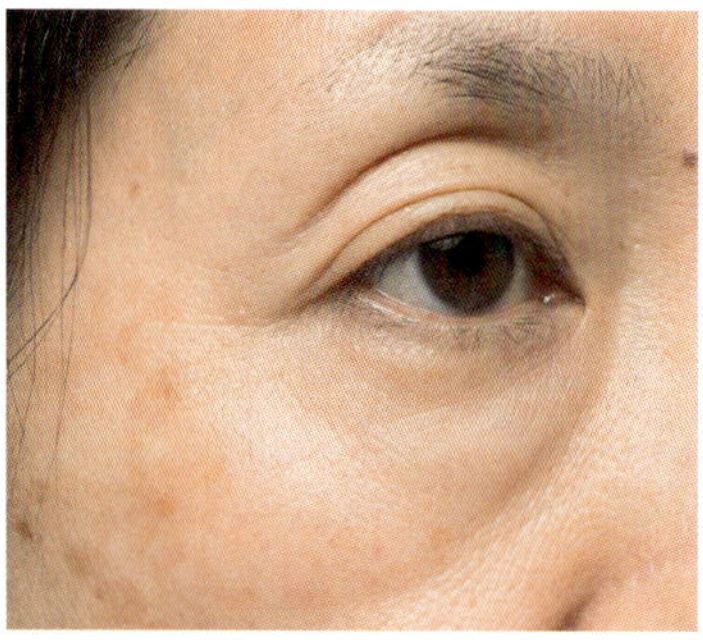

まぶたのくぼみと頬のたるみ、点在するシミが老けた印象を与えてしまいます。

肌の悩み

「乾燥する部分と脂っぽい部分が混在する混合肌で、化粧くずれが気になります。両頬の上のシミ、目の周りのくすみや、目もとのたるみも悩みの種。特に目の下や、頬、まぶたのたるみは、メイクではうまくカバーできず老けて見られます。ヘアは、朝はボリュームがあるのに時間とともにぺったりしてくるのが悩みです」

井出真寿美さん 51歳

メイク後

目の周りのシワや
たるみが払われて、
明るく女性らしい
印象になりました

After

強すぎない色味でやわらかい女性らしさを

繊細なラメの入ったクリームシャドウでまぶた全体をツヤっぽく仕上げてたるみの影を飛ばし、黒のリキッドアイライナーで締めて目にメリハリをつけました。ベースメイクとチークでていねいに仕上げることで、肌のツヤ感を演出。ヘアはニュアンスカールで女性らしさを。

コンプレックスの
硬い髪を逆手に取って
Change!

いつもの ヘア&メイク

Before

ツヤ感のない粉っぽい仕上がりの肌はたるみやシワを目立たせてしまうもの。そんなお肌にローズ系のはっきりした色味のリップは、さらにオバサン感を加速させてしまいます。せっかくボリュームのあるヘアも、まとまりがないと野暮ったく見えてしまいます。

セルフメイクと比べると……

プラスモード感！

After

品と知性が漂うヘア&メイクでグッとアカ抜け！

ツヤ感のあるクリームシャドウの光で、まぶたのくすみを飛ばすテクニックが効いています。「メイクでは無理とあきらめていた目のくすみが解消されて感激です。いつもは髪を耳にかけて仕上げるだけだったので、前髪をあげるヘアスタイルで別人になったみたい」

船津's POINT

洋服の色に合わせて、アイラインのかわりに、ブルーのアイシャドウを細く入れました。黒より目もとが明るくやさしい印象に仕上がります。目もとにブルーを持ってきたので、口もとには強すぎない色味、コーラルピンクを選んでいます。どこかにポイントを持ってきたら、ひとつ抑える、といったバランスが50代の“がんばりすぎない大人なメイク”には必要です。毛量が多いので、思い切って前髪を立ち上げ、知的な雰囲気に見せています。

Part 1 Make-up

「50代のお悩みは ていねいな肌づくりで 9割ぶっ飛びます！」

50代の女性が美しくなるために、もっとも重視していただきたいのは、肌づくりです。

この年代のお悩みとしてよく聞くのは、加齢によるシミ、シワ、くすみ、たるみ。でも、肌全体が明るく、透明感とハリがあるように見えれば、多少のシミやシワなどは、余程近づかない限り、気にならなくなります。そのためには、ファンデーションだけで肌をつくろうとするのではなく、下地とファンデーション、フェースパウダーをていねいに重ねていくことがポイントです。加えて、眉を正しく描き、チークをのせれば、デイリーのお出かけには十分な、美しい仕上がりになります。アイメイクやリップにはほとんど手間をかけなくても、50代女性のお悩みの大半は解消されます。肌をていねいにつくり、チークで血色感を足し、眉で印象をはっきりさせるので、透明感ときちんと感が出る。だから、アイメイクを頑張って盛る必要も、鮮やかな色のリップも必要なく、まるで素肌のように自然で、頑張りすぎていない、その人の持つ美しさを最大限に生かした顔に仕上がるのです。

僕の提案するメイクは、プロ仕様の特別なアイテムも、ものすごく高価なアイテムも使いません。プロ並みのテクニックも必要ありません。ただし、ひとつひとつの工程をていねいに行います。アイブロウパウダーやアイカラーは、つけすぎを防ぐために手の甲に一度落とします。ファンデーションは顔の立体感を出すために2色使いです。若々しく見せるため、チークも2色使いを推奨しています。

「面倒くさい」って思いましたか？　でも、実際は普段のメイクに5分プラスする程度の手間ですよ。試しにやってみてください。ちょっとしたひと手間の積み重ねで、驚くほどアカ抜けた顔になれることに気づくはずです。

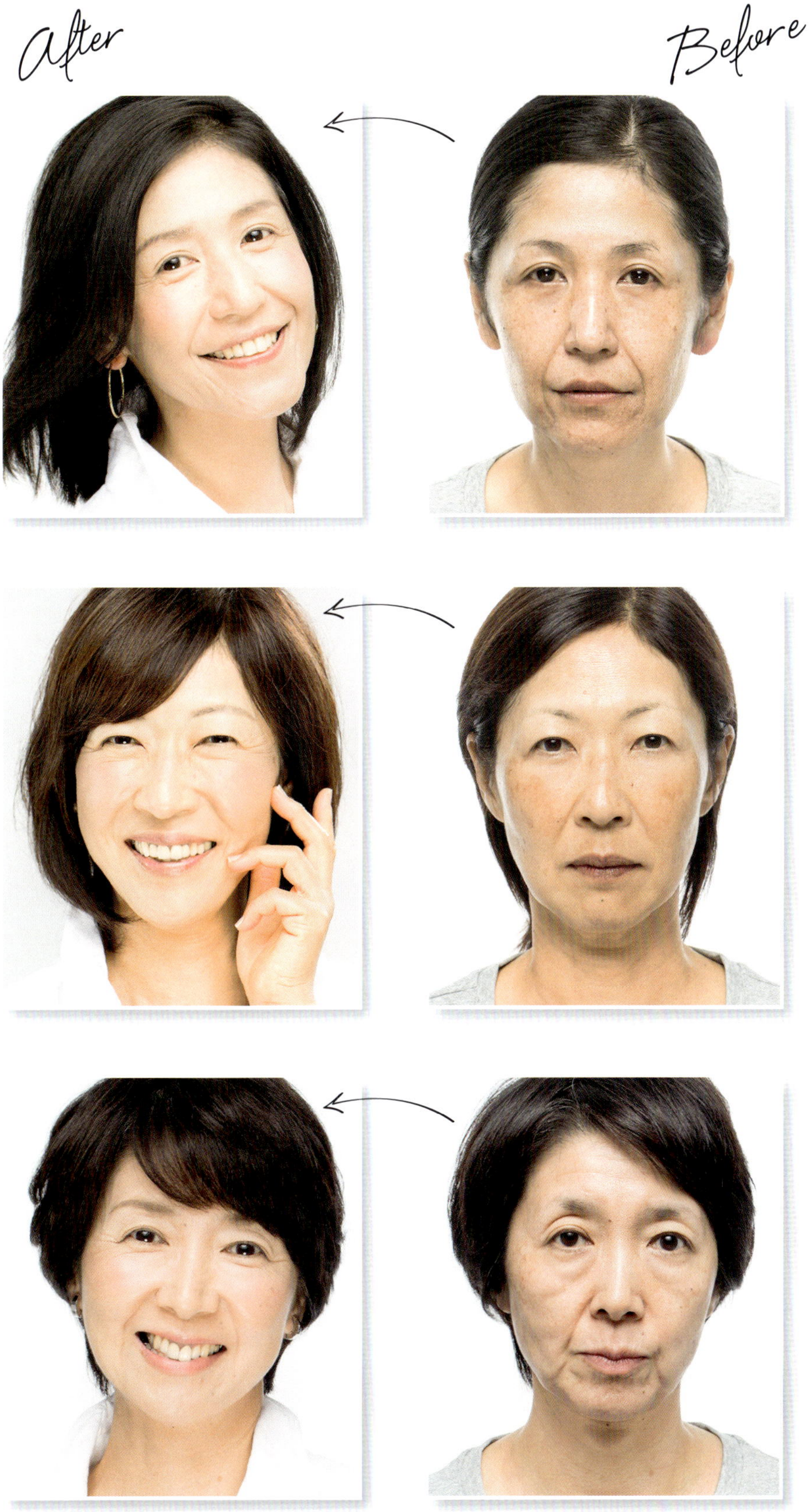

アイメイク＋リップなしでこれだけ変わる！
デイリーメイクはこれだけでOKです。

船津流"お悩みぶっ飛びメイク"をつくるコスメ&道具

多くの50代女性に美しさを与えてきた！ 愛用コスメと道具を公開

メイクを見直すなら、コスメや道具も見直し！

コスメを選ぶときの基準は何ですか？「長く使っているから」「安いから」「有名ブランドだから」などいろいろな理由があると思います。でも、50代女性にいちばん大事なのは、"悩みをきちんと解決してくれるか"。できればテスターで試してから選んでほしいです。

ここで紹介するのは僕が50代女性をメイクするときに欠かせない基本のアイテム。これらで"お悩みぶっ飛びメイク"の90%が完成します。質感や発色のみならず、使いやすさも考慮。ファンデーションやチークは単色使いでなく、違う質感や色のものを組み合わせることで、奥行き感やニュアンスがアップします。

[メイクの 90%はこれで完成！]

明暗2色使いによって、
のっぺり顔を立体顔に変える

ファンデーション

密着感と保湿力の高さから50代にはリキッドタイプが◎。明暗2色を使うことで、自然な立体感をつくりあげます。

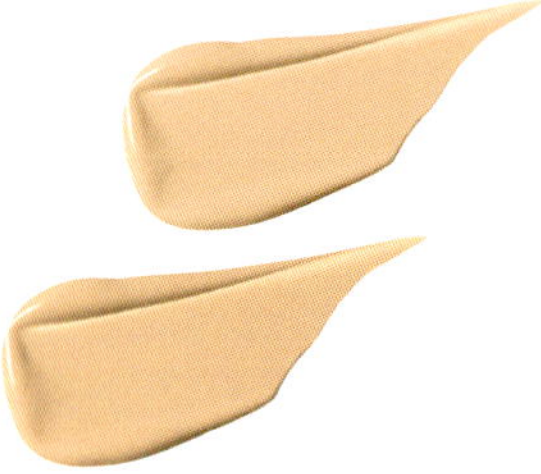

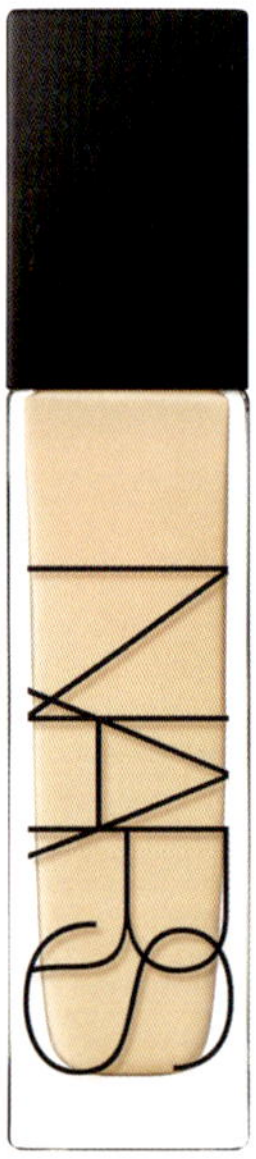

軽い使用感で高いカバー力。NARS ナチュラルラディアント ロングウェアファンデーション 30ml 全18色 ￥6100（NARS JAPAN）

メイクノリのよい肌に
整えるベースメイクのキモ！

化粧下地

化粧下地を使うことで、ファンデーションの仕上がり、持ちが格段にアップ！ くすみやシワもカバーできます。

固さのあるピンク系の化粧下地。肌にぴたっと密着し、くすみとシワをカバー。ラインリペアスピード1 24ml ￥4500（ドクターシーラボ）

ブラシを使うことで
厚塗り、ムラづきを防止

ファンデーションブラシ

毛先が斜めにカットされ、小鼻や目もとなど細かい部分も塗りやすい。NC249 リキッドファンデーションブラシ ￥2760（晃祐堂）

手よりもブラシが正解！ 薄く、ムラなく塗ることができ、若々しいツヤ肌へ。

2色のチークが50代の肌に
若々しい血色感と立体感を与える

チーク

パウダー

パウダーチークを重ねることで血色感のある明るい肌を演出！　肌なじみのいい色と明るめの2色使いが決め手。

鮮やかで透明感のある発色。肌にふわっと溶け込むようになじみます。ヨレにくく、美しい仕上がりが持続。美容液成分を配合。ヴィセ リシェ フォギーオンチークス（上）BE300・（下）PK800 各￥1500（編集部調べ／コーセー）

ジェル・クリーム

右／肌に溶け込むようになじみ、ひと塗りで明るい印象に。キャンメイク クリームチーク 07 ￥580（井田ラボラトリーズ）
左／軽いタッチでするするとのび、肌にフィット。アディクション チーク スティック Rose Bar ￥2800（アディクション ビューティ）

肌にしっかり密着するジェルやクリームタイプのチークを仕込んでおくことで、化粧持ちがアップ！

肌あたりと粉含みの
よいブラシで
プロの仕上がり!

チーク ブラシ

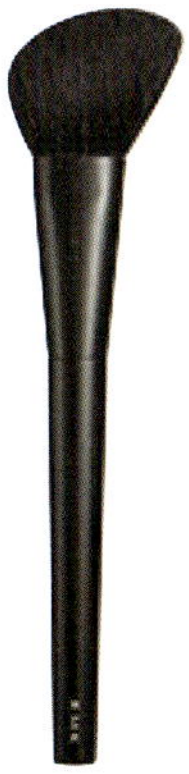

上質の山羊毛を使用。肌にやさしく、チークを自然にぼかすことができます。RMK フェイスカラーブラシ ￥3500（RMK Division）

パウダー類はブラシによって仕上がりが大きく左右されます。濃すぎず、薄すぎず、自然な血色感とツヤが生まれる！

仕上げのフェースパウダーで
肌がグッとアカ抜ける

フェース パウダー

粒子の細かいパウダーを選ぶのがポイント。肌に透明感と明るさをプラスし、化粧くずれを防ぐ効果も！

セミマットな仕上がり。ルースセッティングパウダー トランスルーセント 29g ￥4400（ローラ メルシエ）

顔の印象を大きく左右する眉は、
ペンシルとパウダーの二刀流で

眉（アイブロウ）

パウダー

ベストセラーを誇るプチプラアイブロウパウダー。明るい色はノーズシャドウとしても使用できます。ケイト デザイニングアイブロウ3D EX-5 ￥1100（編集部調べ／カネボウ化粧品）

どんな髪色にも合わせやすい濃淡3色セットのアイブロウパウダーがあれば無敵！　立体眉が簡単に完成します。

ペンシル

パウダーもセット。ケイト ラスティングデザインアイブロウW N（FL）BR-1 ￥1100（編集部調べ／カネボウ化粧品）

眉山、眉尻のポイントを決め、眉1本1本を自然に描ける。

大きめのパフがつけすぎや
ムラづきを防ぐ秘訣

パウダーパフ

直径94mmの大きめサイズ。肌あたりがやさしく、しっかりと粉を含みます。資生堂 パウダーパフ 123 ￥600（資生堂）

パウダーをつけすぎて白塗り状態になってはNG！　大きめのパフにパウダーを移してから使うのがコツ。

ベースメイクにチーク+眉だけでOK! ナチュラルだけどアカ抜けて見える!

デイリー用「90%メイク術」

STEP 1 Skincare

メイク前のスキンケア

メイクノリのいい、うるおい肌に整える

STEP1 メイク前のスキンケア
▼
STEP2 化粧下地
▼
STEP3 ファンデーション
▼
STEP4 仕込みチーク
▼
STEP5 フェースパウダー&仕上げチーク
▼
STEP6 眉(アイブロウ)

50代は……

メイクのノリが悪い、メイクがくずれやすいという声を聞きます

正解

メイクノリ&持ちの良さは最初のスキンケアで決まります!

うるおいを重ねて逃さないことが大事!

美容液

★ エイジング肌にうるおいと透明感をプラス。フラビア コンセントレート エッセンス 50ml ¥13139(フォーマルクライン)

高い保湿力を持つ「プロテオグリカン」を配合。フラコラ LIFTést プロテオグリカン原液 30ml ¥3334(協和 フラコラ)

化粧水

★ アルコールフリーのまろやかな使用感。肌にたっぷりのうるおいを与えます。メリーゼ ローション 130ml ¥5500(メナード)

プチプラだけどハイクオリティ。人気のロングセラー。ナチュリエ ハトムギ化粧水 500ml ¥650(イミュ)

リップケア

★ なめらかにのび、唇の乾燥や荒れをケア。モアリップ(第3類医薬品) 8g ¥1200(編集部調べ/資生堂薬品)

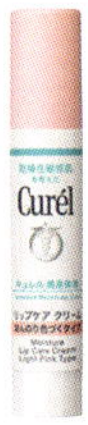

くすみを補正し血色感のある唇に。キュレル リップケア クリーム ほんのり色づくタイプ ¥850(編集部調べ/花王)

乳液

★ 乳酸菌発酵技術を集結した乳液。パラビオ ACミルクI(モイスチュア) 110ml ¥10000(ヤクルト ビューティエンス)

ボディにも使える、ライトな保湿ミルク。アンブリオリス モイスチャーミルク 500ml ¥3500(アンブリオリス・ジャパン)

★=使用した商品

スキンケアによって、寝ぼけた肌を起こす

最初のスキンケアは、仕上がりの美しさを大きく左右します。寝起きすぐの肌は、乾燥して血流が悪く、肌色もくすみがち。そんな肌状態のまま化粧下地やファンデーションを塗っても、ノリが悪く、発色にも影響があります。まず化粧水で肌全体にたっぷりと水分を与え、美容液、乳液やクリームを重ねて保湿します。このとき、ひとつひとつのアイテムを肌にしっかりと浸透させること。肌になじんでいないと化粧下地やファンデーションがズルズルして、きちんと肌に密着しません。

column

忙しい人のための時短アイテム

忙しい日、スキンケアに時間をかけられないときには、1品でスキンケアが完了する、オールインワンの保湿アイテムがオススメ！

1品で化粧水、美容液、乳液、クリーム、パック、化粧下地の6つの働き。ちふれ うるおい ジェル 108g ￥800（ちふれ化粧品）

1 洗顔後、化粧水を肌全体になじませる

化粧水はケチらずにたっぷり。手のひらに取り、手のひら全体を使ってなじませます。

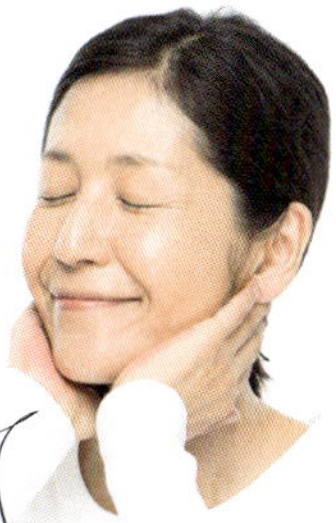

首まで
しっかりケア

顔を包み込むようにして、肌全体に化粧水をなじませます。特に乾燥が気になる部分は重ねづけをして、フェイスラインや首もケア。

2 悩みに合わせた美容液をプラス

美容液は肌の悩みに合わせてセレクト。特にケアしたい部分につけたあと、顔の中心から外側、下から上に向かってのばします。

3 乳液で保湿しうるおいキープ

5点置きで
まんべんなく

水分が逃げないように保湿するのが乳液の役目。肌になじみやすいように、手のひらの体温で少し温めてから肌につけ、のばします。

さらに乾燥する人は
クリームを薄く重ねて

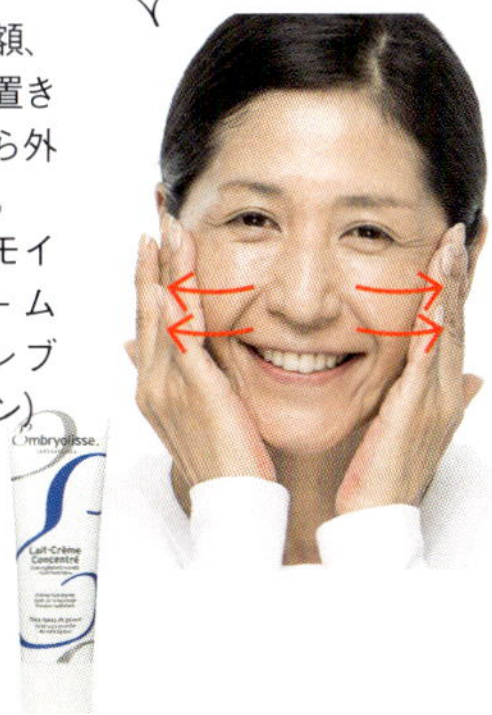

乳液同様に両頬、額、鼻先、あごの5点置きをし、顔の中心から外側へとのばします。
アンブリオリス モイスチャークリーム 75ml ￥2800（アンブリオリス・ジャパン）

4 リップケアもスキンケアのひとつ

最後にリップケア。唇は薄く乾燥しやすく、くすみがちな部位。保湿効果の高いリップケアアイテムを選び、たっぷりうるおいを。

STEP 2 *Base*

化粧下地

くすみや毛穴をカバーして、明るくなめらかな肌へ

50代は……

化粧下地を使わずにファンデーションを塗っている人が多く、**くすみや毛穴が目立ち ノリが悪く、くずれを招いて**います

気になる悩みをファンデーションだけでカバーしようとすると厚塗りになりがち！

正解

化粧下地のひと手間でくすみや毛穴の悩みがぶっ飛びます

悩みに合わせた化粧下地を選ぶことで仕上がりに差がつく

毛穴、テカリを徹底カバー。コスメデコルテ ラクチュール パーフェクト ポアカバー 15g ￥2700（コスメデコルテ）

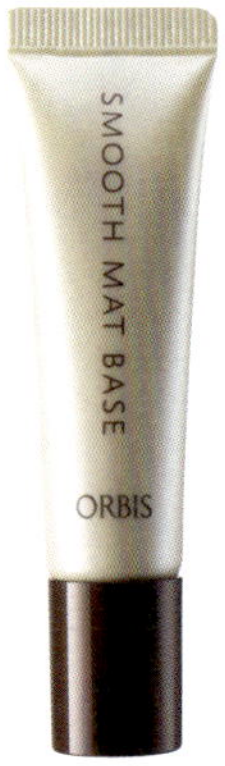

★サラサラとした使い心地で毛穴をふんわりとカバーし、なめらかに。スムースマットベース 12g ￥1200（オルビス）

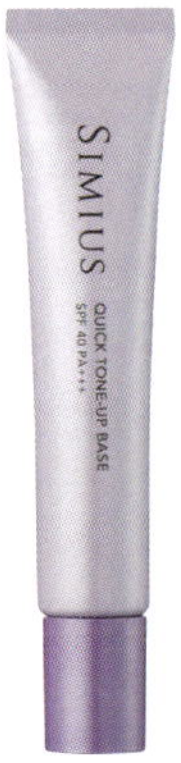

★えがお写真館・赤坂涉監修の化粧下地。クイックトーンアップベース SPF40･PA+++ 30g ￥2593（メビウス製薬）

くすみを一掃。UVイデア XL プロテクショントーンアップ SPF50+･PA++++ 30ml ￥3400（ラ ロッシュ ポゼ）

★フィット感が高く、シワの目立たない、なめらかな肌に整えます。ラインリペアスピード1 24ml ￥4500（ドクターシーラボ）

肌を明るく、なめらかに整えるのが化粧下地の役割

「素肌っぽく仕上げたい」と思っていても、くすみやシミ、毛穴などが気になり、ファンデーションを厚塗りしがち。厚くなれば、それだけくずれやすくもなります。〝ファンデーションだけでカバーしようとしない〟。これが50代の肌づくりのルール。肌を明るくなめらかに整えるのが化粧下地の役割です。そして保湿や、ファンデーションのフィット感を高める働きもあり、そのひと手間を加えるだけで、化粧くずれしにくくなります。

　ポイントは肌の悩みに合わせて選ぶこと。毛穴やくすみカバー専用のタイプもあるので、組み合わせて使うのも効果的です。

1 目もとや口角など、明るく仕上げたいところに点置き

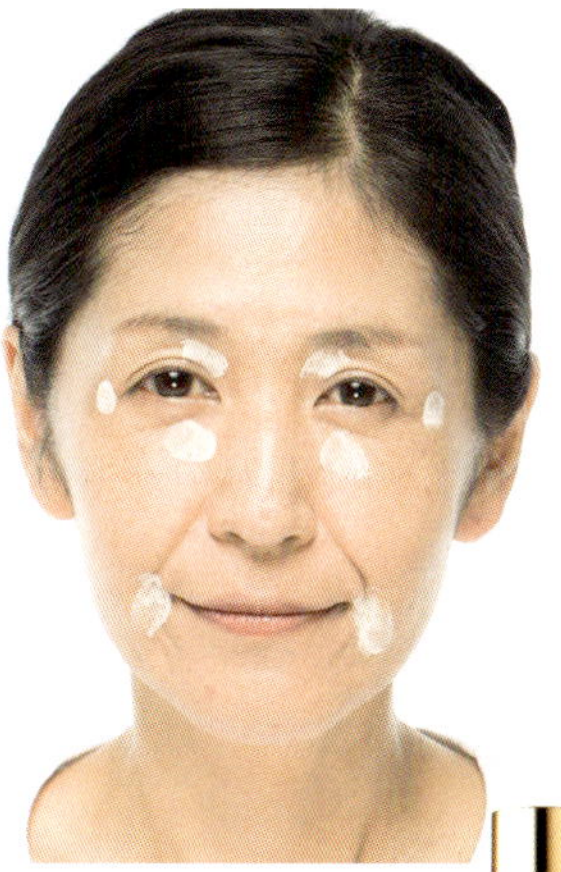

顔全体に均一に塗ると、のっぺりした印象に。くすみがちな目もとや口角の横など、明るく仕上げたい部分にのせてから、のばします。

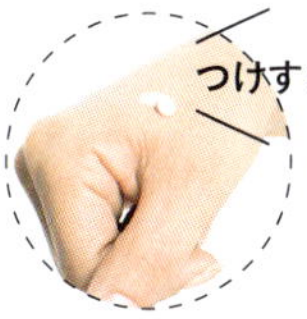

つけすぎ注意！

最初に手の甲などに取ってから肌につけると、つけすぎを防ぐことができます。

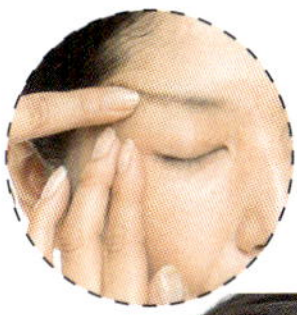

シワの気になる部分は、指で肌をのばし、シワの溝部分にも、薄く塗り込みます。

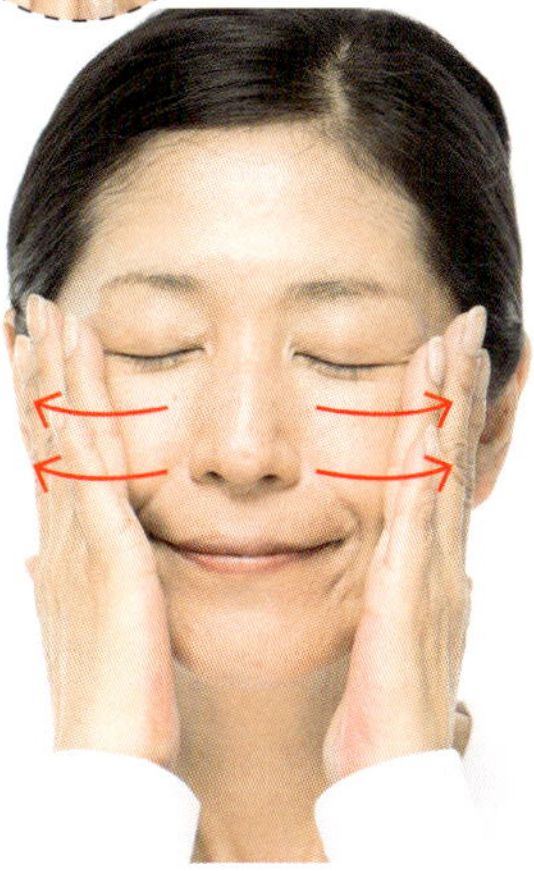

顔の中心から外側に向かって手でのばします。手のひら全体を使って、しっかりと肌に密着させ、ムラにならないように注意。

均一に塗ると
のっぺり白浮き…

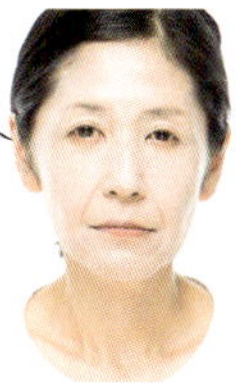

NG

顔の中心がいちばん明るくなるように、フェイスラインはごく薄く。

くすみ部分には色補正効果の高いタイプを!

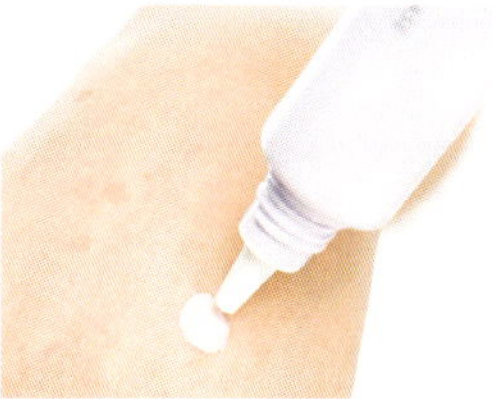

特に肌のくすみで悩んでいる人は、白やナチュラルカラーの化粧下地よりも、色補正効果の高いラベンダー系がオススメです。

毛穴の部分だけ専用下地でカバー

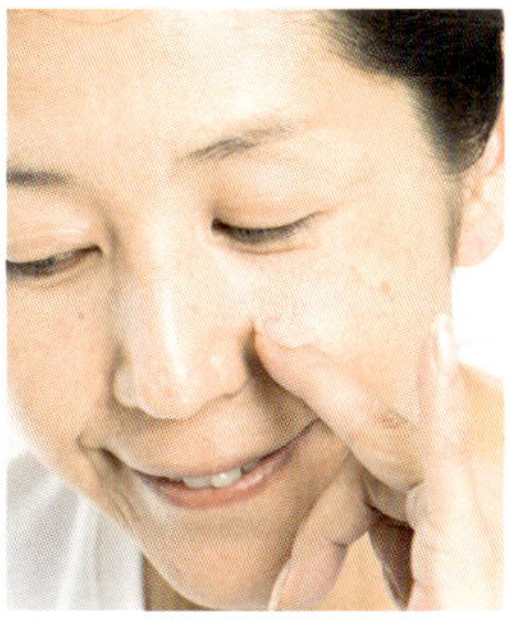

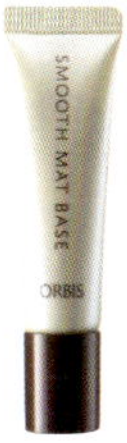

ファンデーションが毛穴落ちする人は、毛穴カバー専用の化粧下地をプラス。肌をなめらかに整え、化粧くずれを防ぎます。

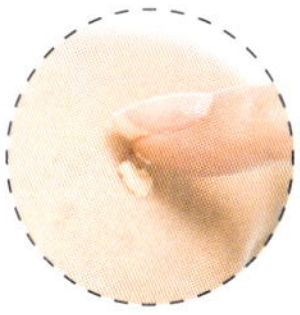

つけすぎないように、手の甲などに取ってから、毛穴の気になる部分だけに塗布します。

不健康に見える
くすみ肌が……

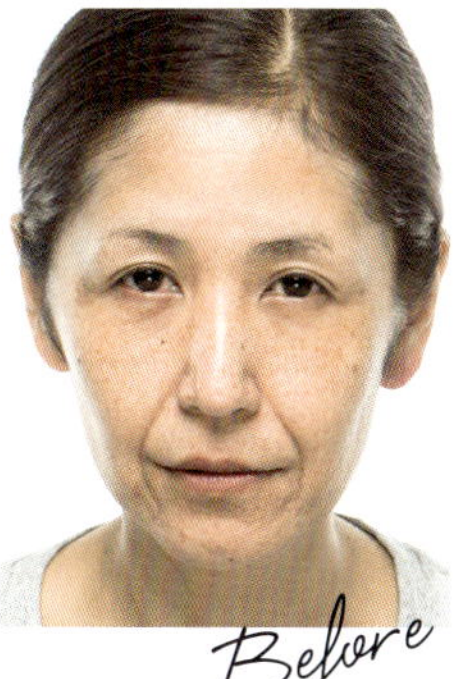

Before

Finish!

化粧下地を塗っただけで、こんなに透明感が出ました!

スキンケアのあと化粧下地だけなのに、グッと明るく、透明感のある肌に！　しっかりと保湿され、自然なハリとツヤも生まれます。

STEP 3 Foundation

ファンデーション

2色使いによる自然な立体感が〝若見え〟を約束！

50代は……

ファンデーションの色が白すぎる人や、厚塗りになっている人がちらほら……。野暮ったく老けて見え、損をしています

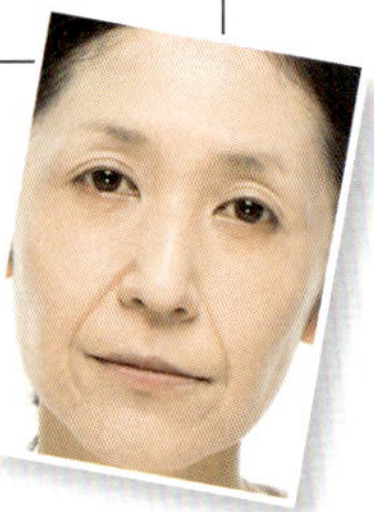

色白に見せたいからと、明るめのファンデーションを選んで、白塗り状態に……。

正解

リキッドファンデーションの2色使いでつくる自然なツヤ肌こそが、若々しさを印象づけます!

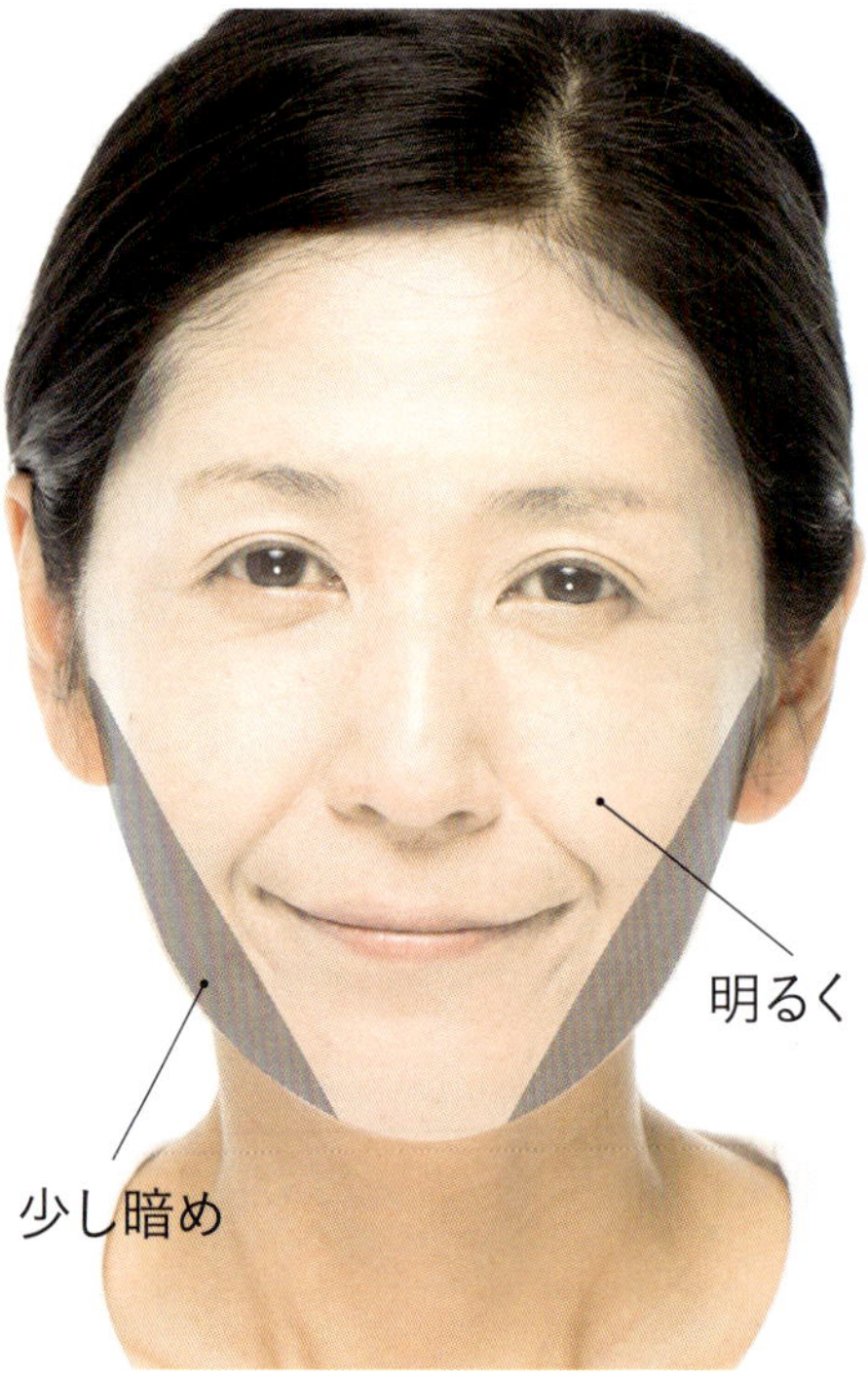

STEP1 メイク前のスキンケア
▼
STEP2 化粧下地
▼
STEP3 ファンデーション
▼
STEP4 仕込みチーク
▼
STEP5 フェースパウダー＆仕上げチーク
▼
STEP6 眉（アイブロウ）

50代の美肌をかなえるのは、リキッドファンデーション

50代女性には、保湿力の高いリキッドファンデーションがマストです。乾燥してシワっぽい肌にもきちんと密着し、素肌感のある自然なツヤ肌に仕上がり、若見えがかないます。マットな仕上がりのものは老けて見えるので避けて。そして、ファンデーションは明るめと暗めの色の2色を使用。顔の中心を明るく、顔の側面は暗めの色で仕上げることで、立体感が生まれ、小顔効果も発揮します。

色白に見せたいからと肌より白いファンデーションを選ぶのはNG！　ワントーン暗めくらいの色が、肌に塗ると自然で若々しく見えます。

リキッド×ブラシ使いが美肌を演出

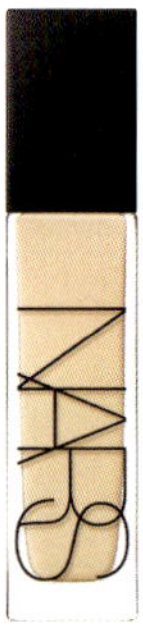

色数が豊富で肌に合わせやすい。NARS ナチュラルラディアントロングウェアファンデーション 30ml 全18色 ￥6100（NARS JAPAN）★

密着感と軽さを両立。ケイト パウダリー スキンメイカー 00:SPF10・PA++／01～05:SPF15・PA++ 30ml 全6色 ￥1600（編集部調べ／カネボウ化粧品）

リキッドファンデーションを美しく仕上げるには、ブラシがマストです。NC249 リキッドファンデーションブラシ ￥2760（晃祐堂）★

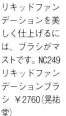

1 中心に明るい色を置き、側面には暗めの色を置く

ファンデーションを２色塗り分けるだけで、立体感のある仕上がりに。顔の中心は明るめの色をのせ、側面は暗めの色をのせます。

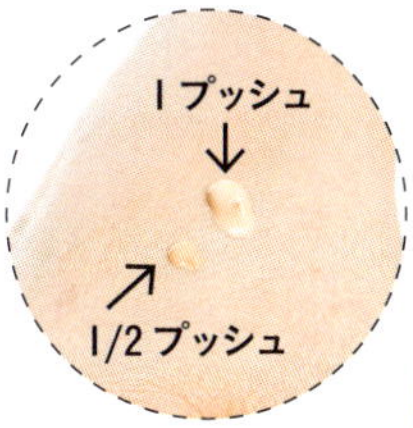

化粧下地同様つけすぎに注意。明るめの色は１プッシュで、暗めの色は１／２プッシュ程度で十分です。

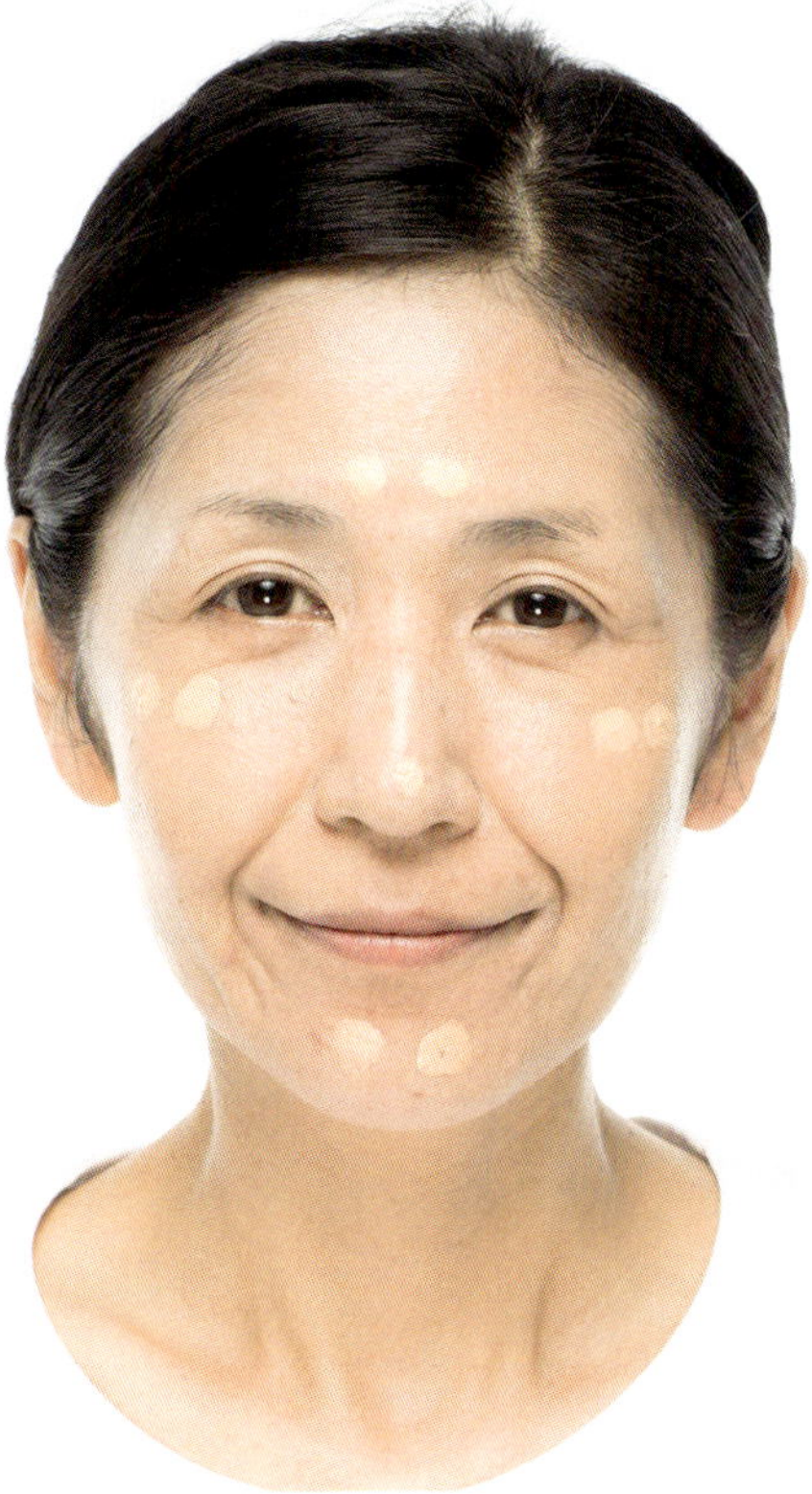

シェーディング効果で小顔に！

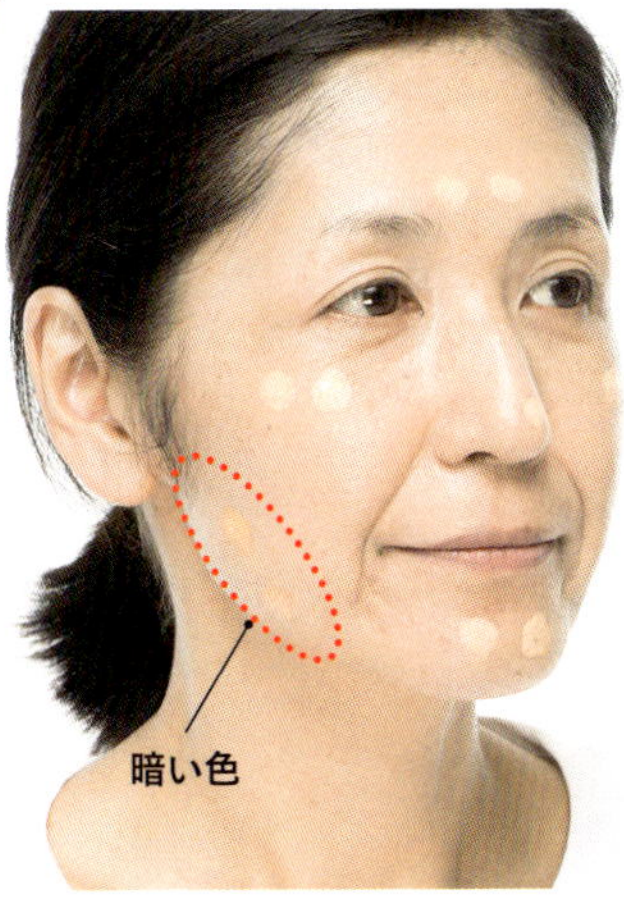

顔の側面に暗い色をのせることで、自然な影を演出。たるみがちなフェイスラインをほっそりシャープに見せることができます。

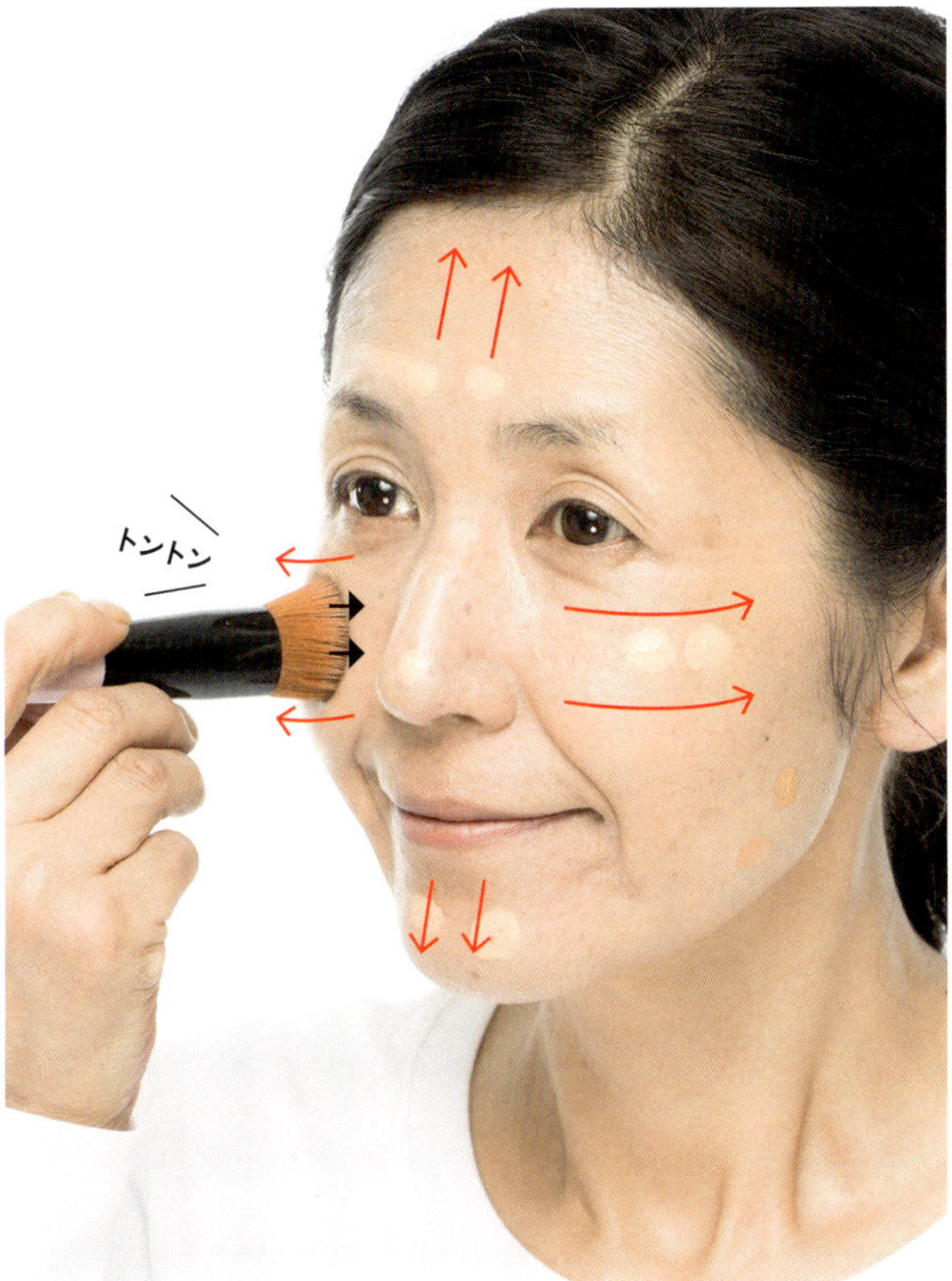

2 中心から外側に向かって塗っていく

ブラシは立てて、「トントン」とスタンプを押すように、ファンデーションを塗っていきます。しっかり密着し、化粧くずれも防止。

強くひっぱるとスジムラに！

NG

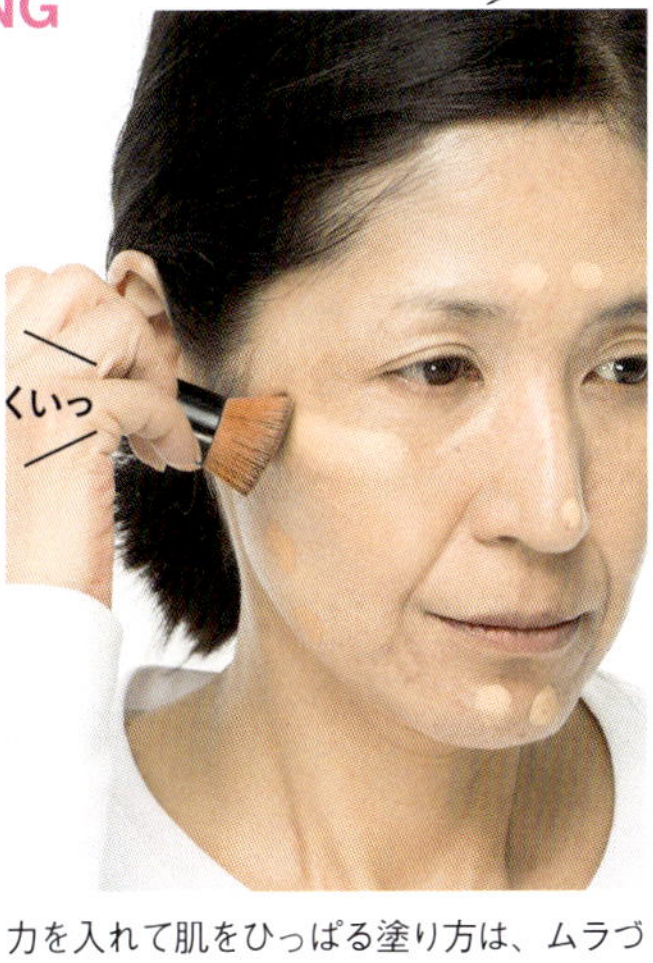

力を入れて肌をひっぱる塗り方は、ムラづきの原因になり、摩擦で肌を傷めることも。

3 目もとや小鼻はブラシの先を使う

顔全体が塗れたら、細かい部分を塗ります。ファンデーションはつけ足さず、ブラシに残った量で薄く仕上げるのが、厚塗りにならずナチュラルに見せるコツ。

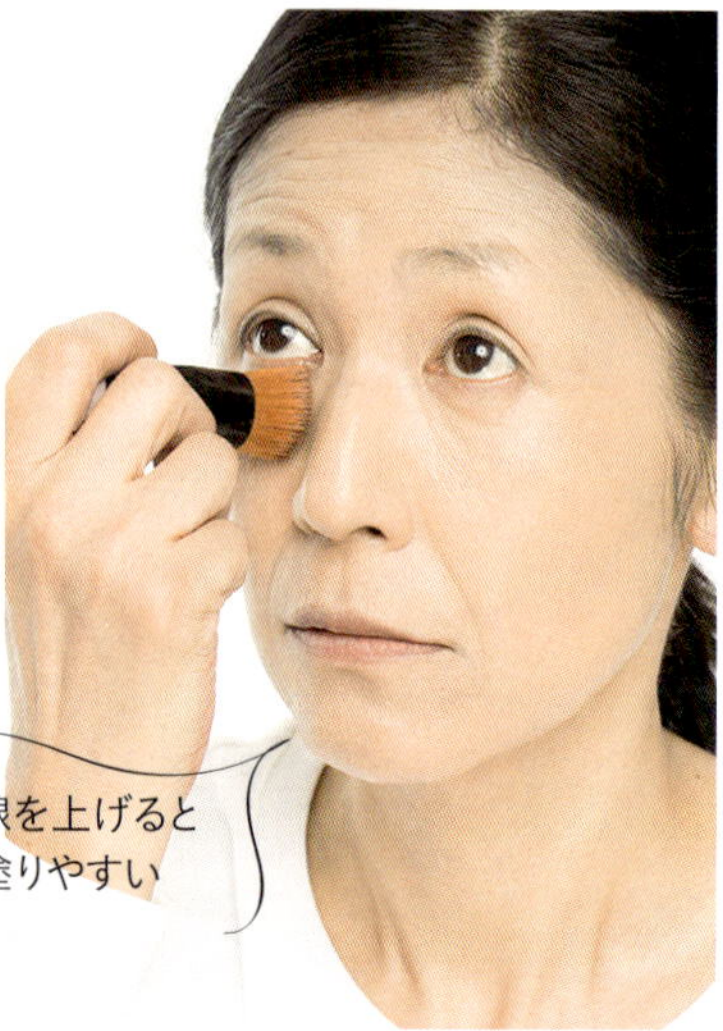
目線を上げると

まばたきなどでよく動かす目もとは、厚塗りするとヨレやくずれやすくなります。薄くきちんとなじませるのがポイントです。

くすみやすいまぶたも、薄くていねいに塗ります。目もとが明るくなり、アイカラーの発色がアップ。若々しい表情をつくります。

4 口もとを老けさせる口角横のくすみもカバー

口をすぼめて
ひょっとこ顔に

口もとも、目もと同様によく動かす部位なので、薄く仕上げます。口をすぼめると肌がのび、ファンデーションが塗りやすくなります。

5 生え際、フェイスラインの塗り残しに注意!

フェイスラインもあご下までブラシに残ったファンデーションをのばします。首とのつながりが自然で、素肌っぽく仕上がります。

NG

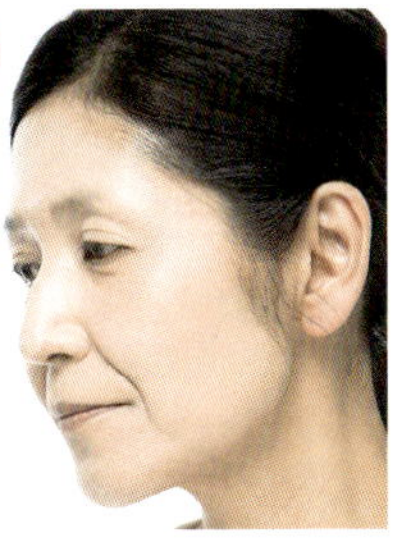

塗り残しがあると不自然

顔だけが浮き上がって、まるでお面か、シートパックをしたような顔に……。

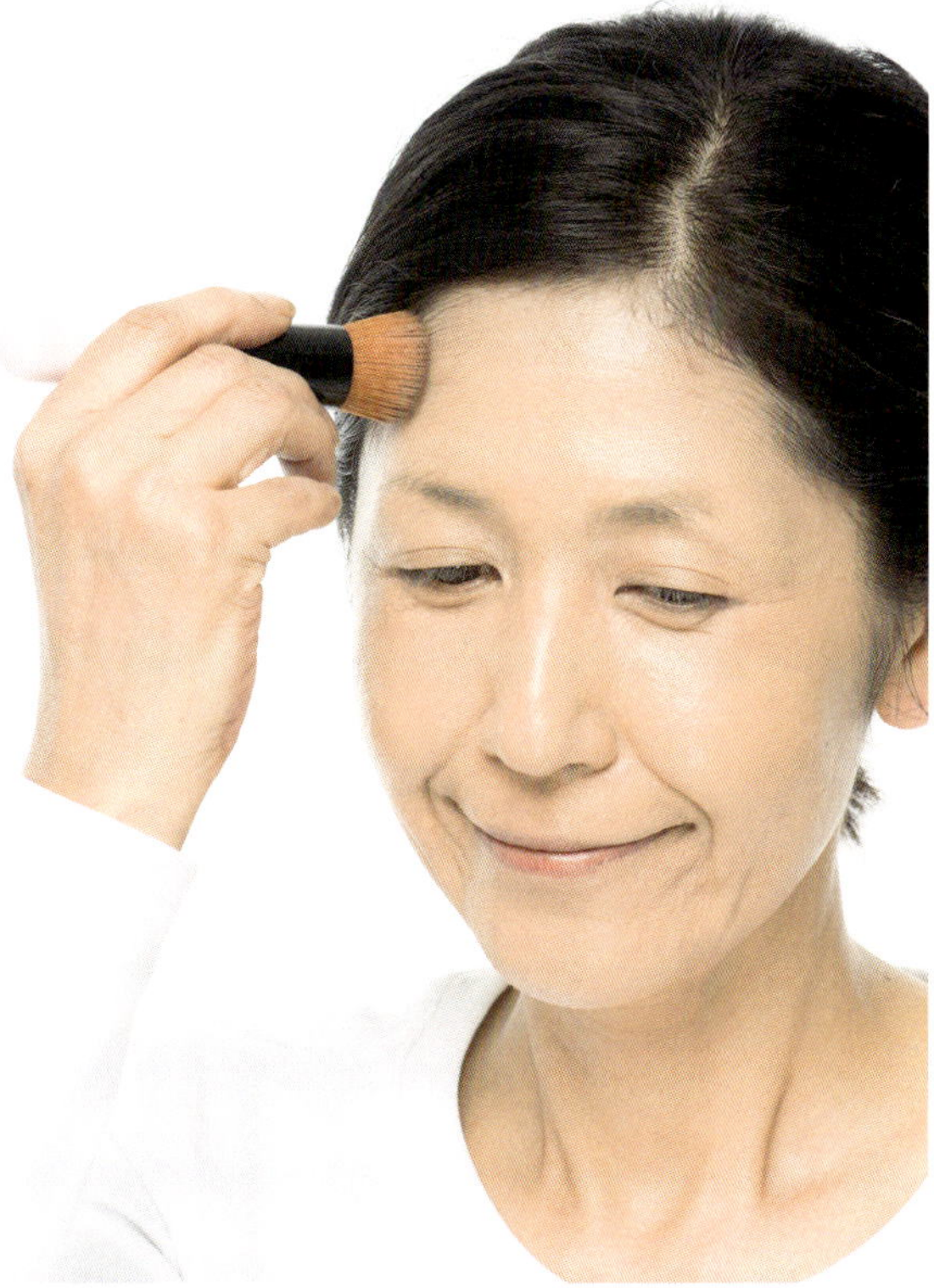

意外に多いのが生え際部分の塗り残し。ファンデーションはつけ足さず、ブラシに残った分だけを薄くのばします。

Finish!

厚塗り感のない自然な仕上がりで、マイナス7歳、印象が若返る!

ブラシを使って、リキッドファンデーションを薄く肌に密着させることで、まるで素肌そのものが美しくなったような仕上がりに！ファンデーションは手ではここまでキレイに仕上がりません。明るくツヤがあり、なめらかな肌が老け感や野暮ったさを追い払います。

プラス
テクニック
Base make-up

シミやシワ、たるみなど、気になる悩みに決別！
さらに完成度を上げるベースメイクのひと技

部分的なカバーには、コンシーラーが便利！

化粧下地、ファンデーション、さらにそのあとには、フェースパウダーと、アイテムを重ね、〝ファンデーションひとつで、すべての悩みをカバーしないこと〟。それが50代メイクの基本です。これらの工程が終わっても、「でも、やっぱりシミが目立つ」「ほうれい線がくっきり」という人や、お呼ばれや発表会など、特別な日には、さらにプラスのテクニックやアイテムで、より完成度の高い肌をつくることができます。

便利なのはコンシーラーやペンタイプのハイライターなど。そして、色補正効果のある化粧下地や、悩みに合わせて色の違うファンデーションを部分使いするのも手です。

悩み 1

ファンデーションで隠しきれない「シミ」はコンシーラーでカバーできる

肌色に合わせやすい3色セット

まわりの肌色と同化させ、色ムラを的確にカバー。SPF25・PA+++ クリエイティブコンシーラー／EX ¥3500（イプサ）

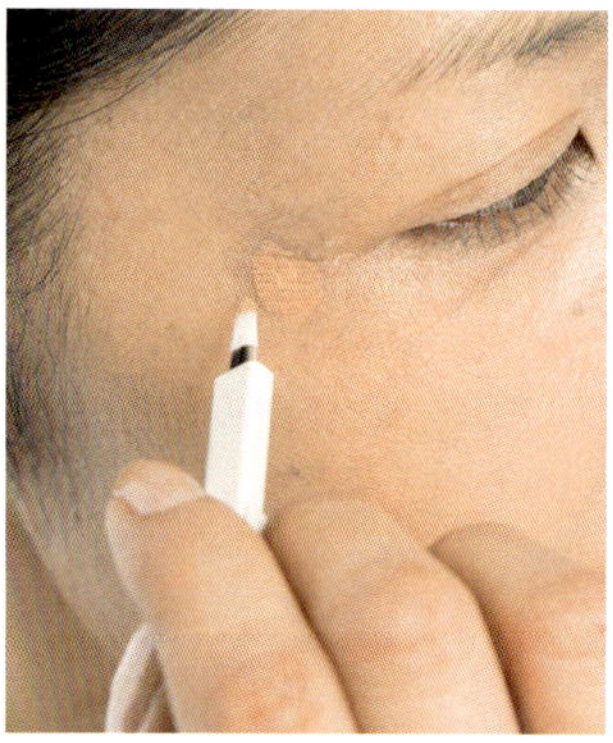

気になるシミはカバー力の高い、固形のコンシーラーでカバー。シミ部分を覆うように、筆を使ってコンシーラーをのせます。

▼

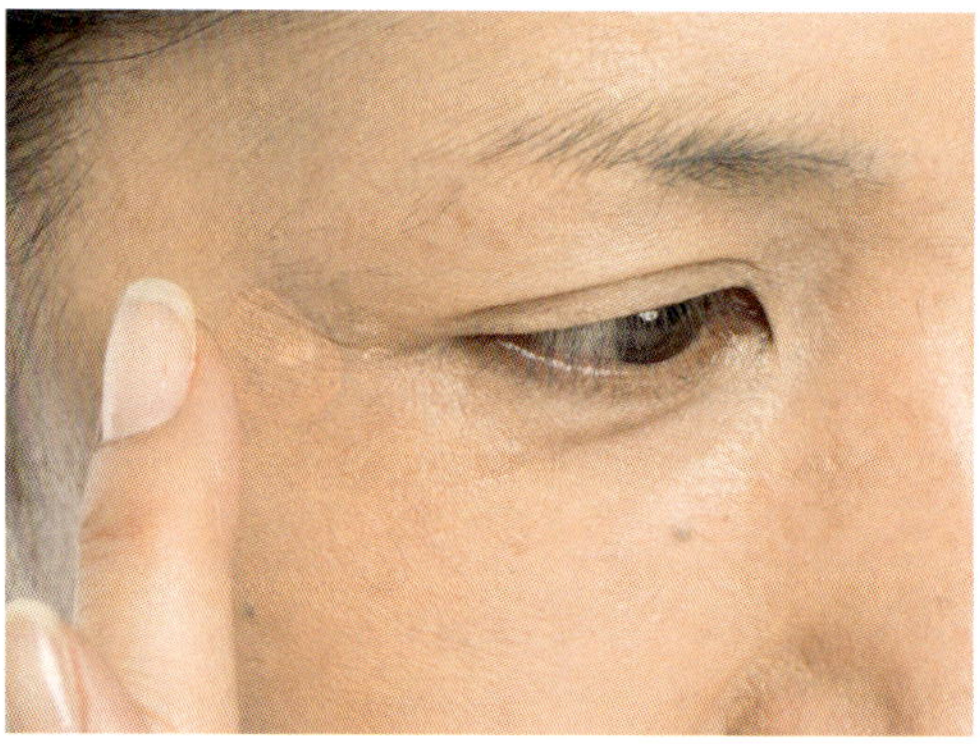

コンシーラーと肌の境目部分を指でなじませ、ぼかします。あまり強く指で押すと、せっかく塗ったコンシーラーが取れてしまうので注意。

目立つシミもここまでカバーできる

すっぴん

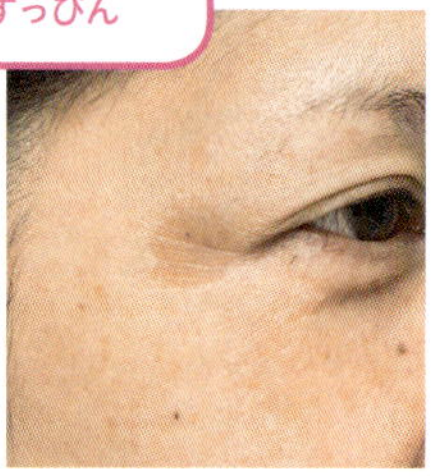

シミは、ほかの肌の部分よりも濃く目立つため、老け印象の原因に。

▼

ファンデーション

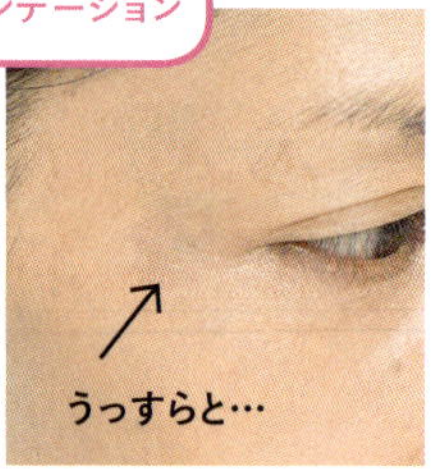

かなり目立たなくなりますが、さらにファンデーションを重ねるのは厳禁！

▼

ファンデーション＋コンシーラー

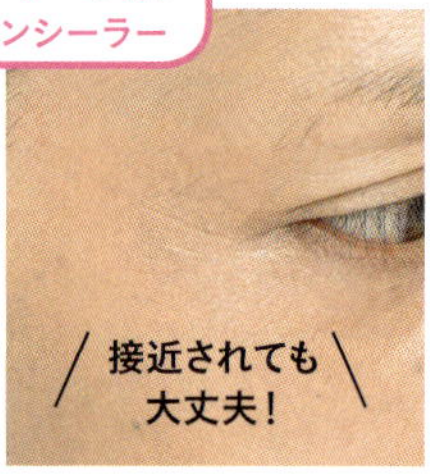

シミの部分だけをカバーしているので、厚塗り感はなく、とっても自然！

悩み2

広めの「シミ」には暗めのファンデーションを仕込んでおく

広い範囲のシミに固めのコンシーラーを重ねると、厚みが出てしまうので NG。まず先に暗い色のファンデーションをシミ部分に指で塗り、次に明るめのファンデーションをブラシで塗ります。

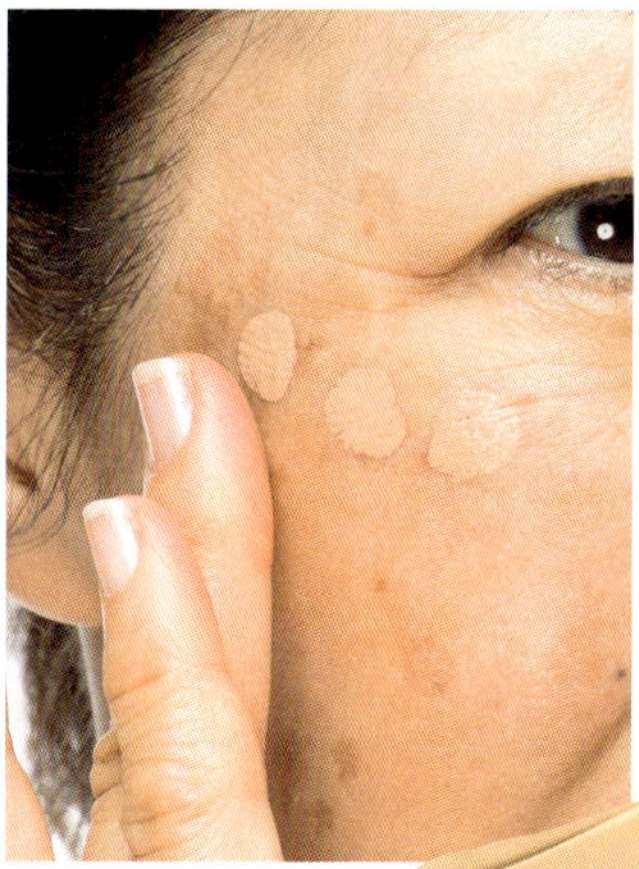

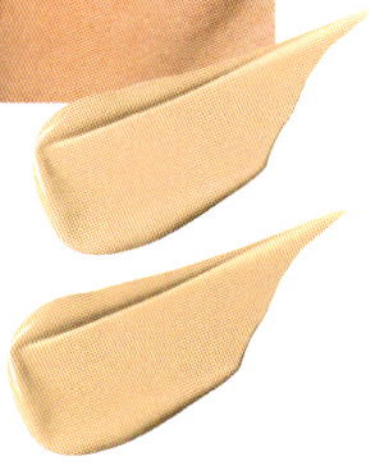

肌よりもやや暗めの色が正解

明るめの色を選ぶと、かえって白っぽく目立ってしまいます。肌よりもやや暗めの色のほうが肌になじみ、きちんとカバーできます。

悩み3

目もとの「たるみの影」「クマ」が目立つなら色補正効果のある化粧下地を部分使い

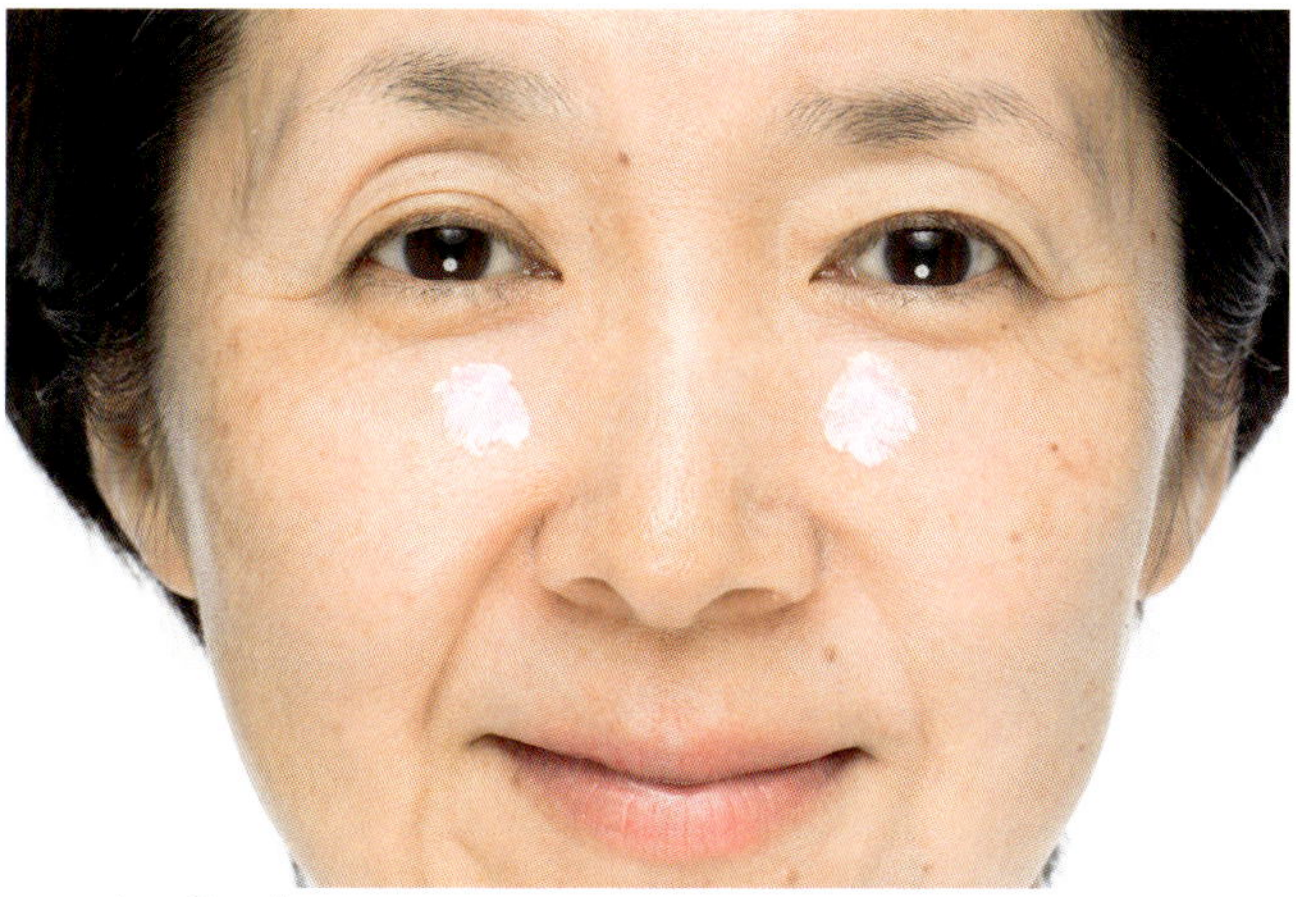

ファンデーションを塗る前に、ラベンダー系色補正効果のある化粧下地を、たるみやクマの気になる部分に仕込んでおきます。

コンシーラーを重ねれば完璧！

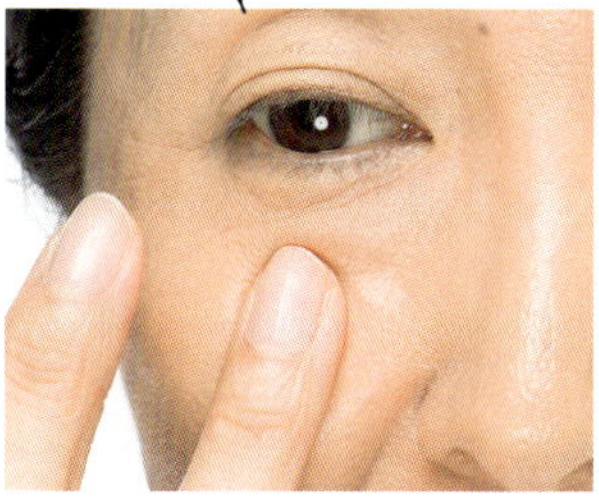

ファンデーションを塗ったあと、それでも目立つ場合は、コンシーラーを重ねると、よりカバー効果がアップ！

肌を明るく整え、影を消し去る！

明るさと輝きを与え、肌悩みを自然にカバーします。ラディアントコントロールカラー 05 30ml ￥4000（クラランス）

悩み4

くっきり「ほうれい線」には筆ペンタイプのハイライターがおすすめ

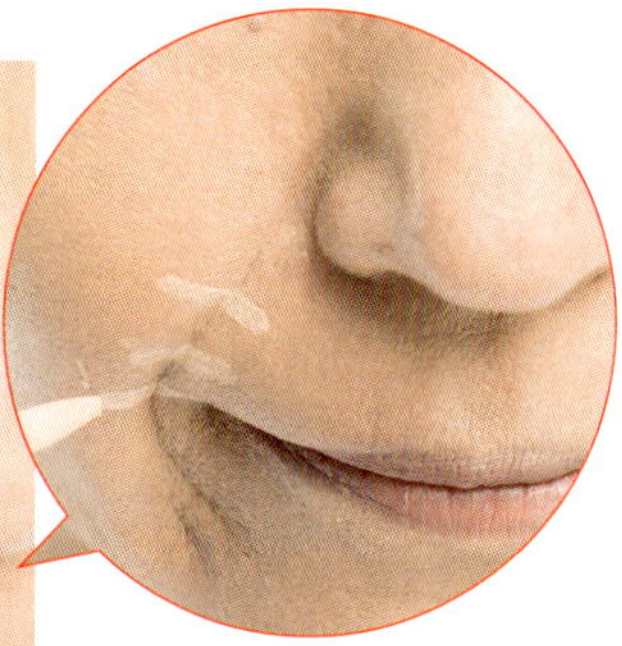

ほうれい線があるのは、口もとのよく動く部位。フィット感の高い筆ペンタイプのハイライターを使うのがオススメです。ファンデーションを塗ったあと、ほうれい線を垂直にまたぐように、ラインを数本描き、指でなじませます。

なめらかなテクスチャー

気になる部分だけに使いやすく、肌を明るくカバー。ダブル ウェア グロウ BB ハイライター 01 ￥4200（エスティ ローダー）

STEP 4
Base Cheek

仕込みチーク

肌の内側から湧き上がるような血色感を演出

50代は……

チークの色選びや入れる位置を間違えて、メイクが不自然になっていることがあります

「チークは丸く」と思っている人が多数。でも、“おてもやん”っぽくなっていませんか？

ほっそり見せようとして、シャープに入れたブラウン系チークが、怖い顔に……。

正解

血色感を補うチークは必須。色で主張するのではなく、自然な仕上がりを心がけて！

密着感の高いジェル・クリームタイプのチークを仕込む

透明感があり、色が調節しやすい。エレガンス スリーク フェイスN PK102 ¥3000（エレガンス コスメティックス）

★肌になじみ、仕上がりが自然。アディクション チーク スティック Rose Bar ¥2800（アディクション ビューティ）

本来の頬のようなソフトなメリハリをつくります。レブロン インスタブラッシュ 001 ¥1500（レブロン）

★肌を明るく見せ、ツヤやかに。キャンメイク クリームチーク 07 ¥580（井田ラボラトリーズ）

STEP1 メイク前のスキンケア
▼
STEP2 化粧下地
▼
STEP3 ファンデーション
▼
STEP4 仕込みチーク
▼
STEP5 フェースパウダー＆仕上げチーク
▼
STEP6 眉（アイブロウ）

若見えの要となるチークはあえてひと手間かける

船津流メイクでは、クリームチーク2色のあと、フェースパウダーを使い、最後にパウダーチークを2色重ねて仕上げます。「面倒くさい」と思う人もいるかもしれませんが、このステップをていねいに行うことで、肌の内側から湧き上がるような血色感を演出でき、より自然で、若々しく見える肌が完成します。

チークは、いかにも「入れています」という感じに、色だけが目立ってしまってはダメ。まずは、密着感が高いジェルやクリーム系のチークを仕込みます。色は肌なじみのよいベージュ系や赤みのある明るいブラウンがおすすめ。頬に自然な血色感と立体感をつくります。

1 ベージュや明るめのブラウンをベースに

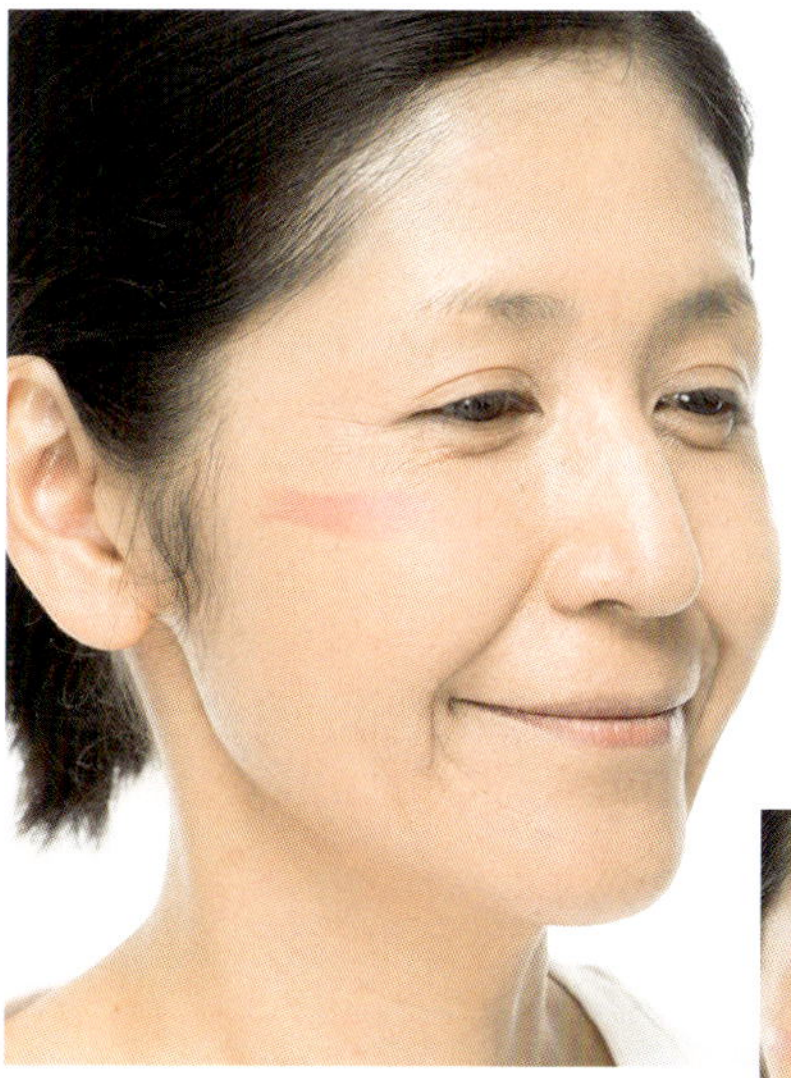

最初に使うのはジェルやクリームタイプのチーク。肌なじみのよいベージュや明るめのブラウン系の色を、頬の高い位置に仕込みます。

左右バランスよく入れることもポイント。鏡でチェックを！

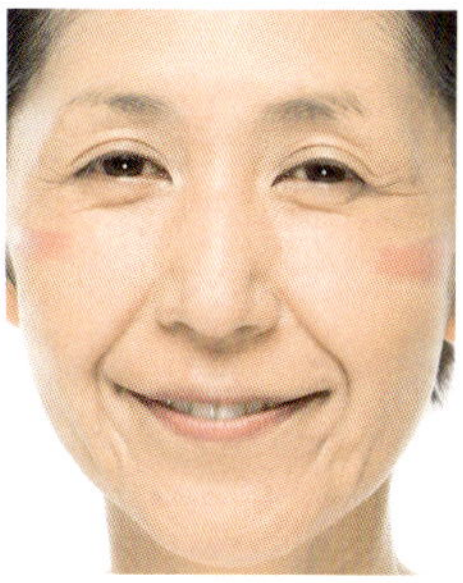

2 指で軽く叩き込み、なじませる

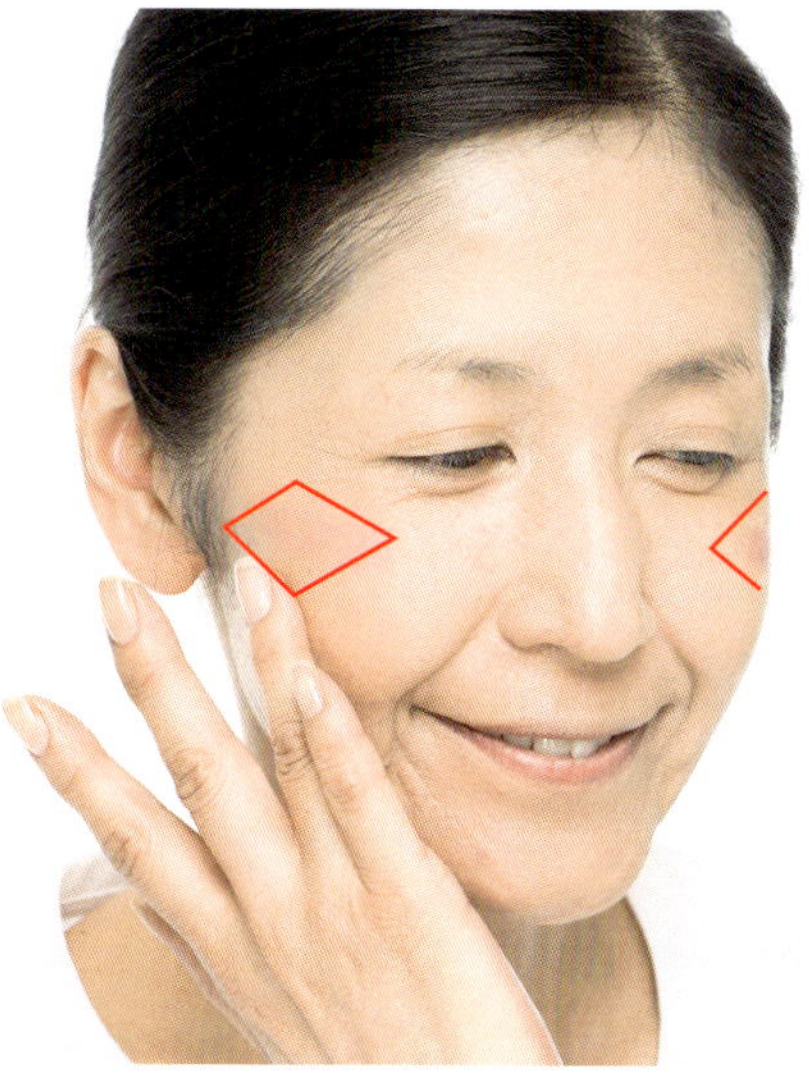

チークはきちんとなじませることが大切。最初に色を置いたところを中心に、ひし形を意識しながら、薬指で軽く叩き込みなじませます。

3 明るめのピンクを笑って高くなる位置に入れる

チークがつくり出すのは、幸福感あふれる笑顔。ニコッと笑っていちばん高くなる位置に、明るめのピンクをのせ、指でなじませます。

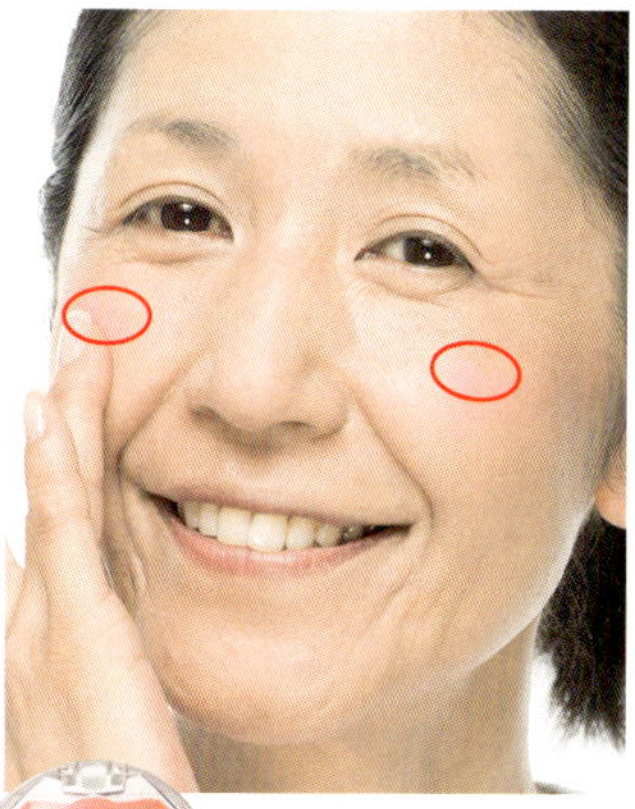

血色感のある健康的な肌に!

ジェルやクリームタイプのチークは肌になじみやすく、自然な血色感をつくり出すことができます。肌の印象が明るくなり、表情もイキイキ！

フェースパウダーとパウダーチークで肌づくりの総仕上げ！

STEP 5 Face Powder & Finish Cheek

フェースパウダー＆仕上げチーク

フェースパウダーと仕上げのチークでイキイキ美肌が完成！

50代は……

フェースパウダーを使っていないか、使っていても、**パタパタはたくだけで、白っぽくムラづき**している人が多い

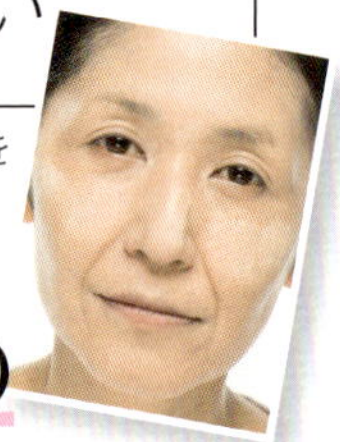

いままでの肌づくりの工程を一瞬で台無しにしてしまう、粉っぽい白塗り顔。

正解

フェースパウダーは大きめのパフで、肌を押さえるように薄くつけ、最後にパウダーチークを重ねます

道具にもこだわれば、仕上がりがさらに美しく！

パウダーチーク

★

肌に溶け込むように発色。ヴィセ リシェ フォギーオン チークス BE300 ￥1500（編集部調べ／コーセー）

★

笑顔を輝かせる明るいピンク。ヴィセ リシェ フォギーオン チークス PK800 ￥1500（編集部調べ／コーセー）

嬉しいプチプラ価格ながら高発色で使いやすい。セザンヌ ナチュラル チークN 05 ￥360（セザンヌ化粧品）

血色感を演出。ルナソル カラーリングシアーチークス 01 ￥2500・ケース￥1500・ブラシ￥1000（カネボウ化粧品）

フェースパウダー

★

シルク肌をつくる軽やかな質感。ルースセッティングパウダー トランスルーセント 29g ￥4400（ローラ メルシエ）

くずれにくさに定評あり。チャコット フォープロフェッショナルズ フィニッシングパウダー 761 30g ￥1200（チャコット）

★

プロの愛用者が多い、ロングセラー名品。肌当たりがやさしく、ムラのない仕上がりに。資生堂 パウダーパフ 123 ￥600（資生堂）

チークブラシ

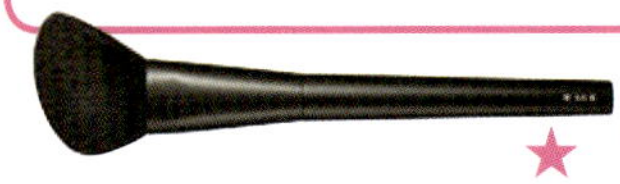

★

毛量のあるブラシを使うことで、色浮きのない仕上がりに。RMK フェイスカラーブラシ ￥3500（RMK Division）

肌づくりにひと手間かけて仕上がりの美しさが持続

いよいよ、肌づくりの総仕上げです。仕込みのチークが終わったら、フェースパウダーの出番。細かなパウダーで肌を覆うことで、毛穴やキメの乱れ、くすみなど、肌のアラをソフトフォーカスをかけたように、カバーすることができます。リキッドファンデーションの余分な油分や皮脂を吸収し、テカリや化粧くずれを防ぐ役割も。

そして、パウダーチークを入れてフィニッシュ。仕込みのチーク同様に、2色使いをすることで、色だけが浮かない、自然な血色感をつくります。くすみを消し去り、肌を明るく見せるだけでなく、ふんわりとやわらかな質感まで演出できます。

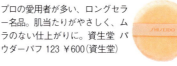

1 まずは付属のパフにパウダーを取る

最初にパウダー付属のパフで、口の部分を押さえながら容器をひっくり返して、パフにパウダーを取ります。

2 大きめのパフにパウダーを移す

パウダーを取ったパフを、大きめの何もついていないパフに合わせ、パウダーを移します。これがつけすぎ、ムラづきを防ぐ秘訣。

3 パフを肌にあて、やさしく押さえる

パウダーを移した大きめのパフは軽くもみ込み、パウダーをまんべんなく含ませたら、肌をやさしく押さえるように、パフをあてます。

ほどよいツヤ感が、大人の上質肌をかなえてくれる

2枚のパフを使うことで、自然なツヤ感のある仕上がりに！　いろいろな肌悩みもぶっ飛び、肌に自信が持てます。

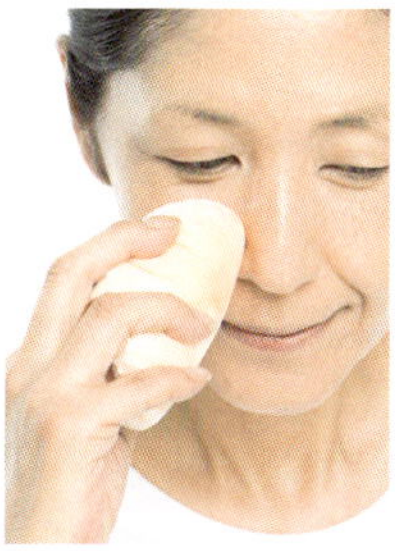

小鼻部分はパフを折って

皮脂が出やすい小鼻は、パフを折って重ねづけをし、くずれを防ぎます。

小技

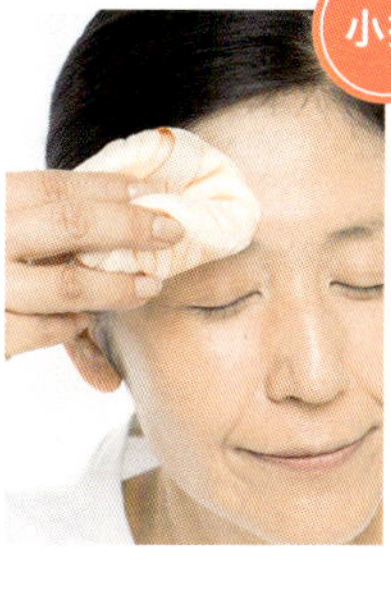

眉にファンデーションがついていると、アイブロウが滑り描きにくくなります。眉部分にもパフをあて、余分な油分をおさえて。

さらにパウダーチークで絶品肌に！

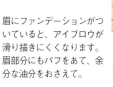

幸せオーラをつくる仕上げのパウダーチーク

フェースパウダーのあとにパウダーチークをプラス。ふんわりとやさしいパウダーの質感と発色によって、幸福感のある明るい肌をつくり上げることができます。

4 なじみ色のパウダーをブラシで入れる

パウダーも肌なじみのよいベースになる色と明るいピンクの2色を使用。仕込みのチークを入れた位置に楕円形に入れます。

5 笑っていちばん高くなる位置にピンクを重ねる

ニコッと笑って、いちばん高く盛り上がる位置に明るめのピンクをぼかします。色の重なりによって、深みのあるニュアンスに。

Finish!

幸せそうな笑顔が周囲までハッピーに！

仕込みチーク→フェースパウダー→仕上げチークの工程によって、単色、ひとつの質感のチークでつくるよりも、断然、自然で洗練された仕上がりに。

チークはきちんとなじませることが決め手。ブラシを使って、耳横まできちんとぼかしましょう。

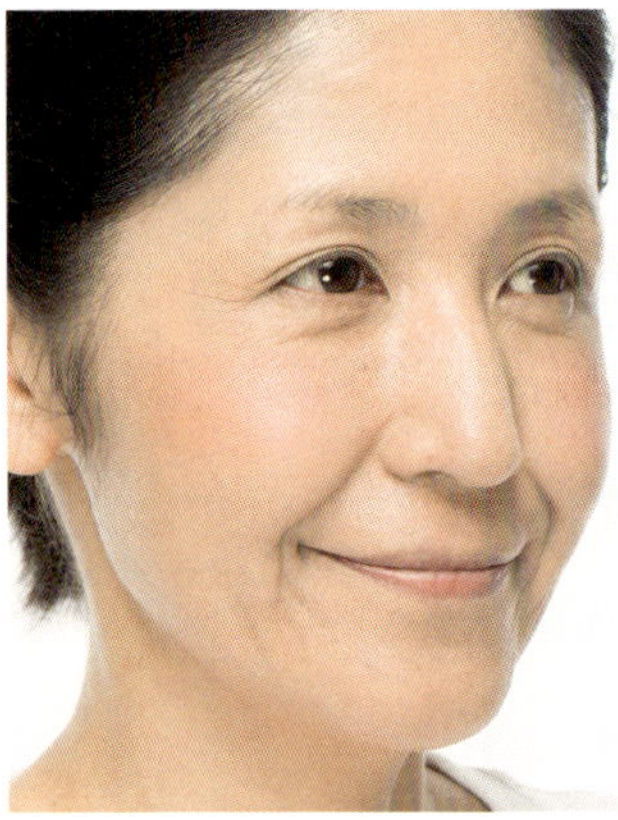

プラステクニック

Cheek

シミカバーや顔型の悩みにもチークが有効！ 悩み別・完成度アップのチークテクニック

チークの効果をもっと活用してほしい！

50代女性にチークは必需品。肌を明るく健康的に見せるだけではなく、悩み解消にも役立ちます。

たとえば、両頬にモヤッとできるシミ、肝斑のカバーには、チークがとても有効。肌にふんわりとパウダーをのせることで、シミを目立たなくすることができます。そして「肌がしぼんで見える」「たるんで顔が大きく見える」といった悩みも、チークの入れ方で解決できます。時間があるときに、鏡を見ながら、チークを入れる位置を上下に変えてみたり、丸や楕円と形を変えてみたり、いろいろお試しを。同じ色を使っても違う印象になり、チークを入れる意味を理解できると思います。

悩み 1

両頬にできるモヤッとした「肝斑」のシミにはスポンジ一体型のチークが便利

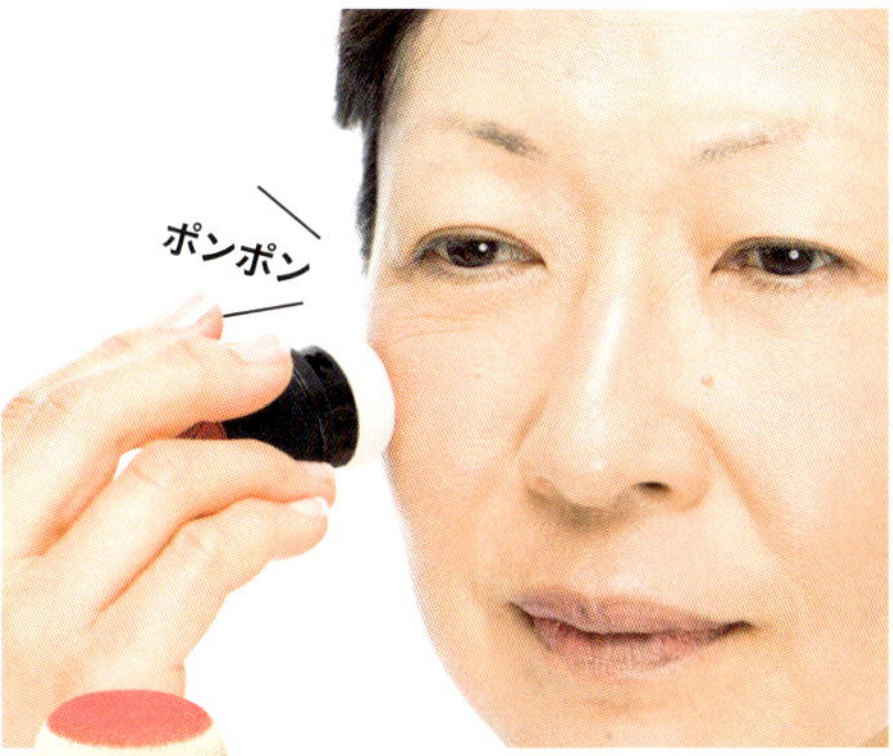
ポンポン

ポンポンとなじませるだけ！

一度につきすぎず調整しやすい。マキアージュ ビューティースキンクリエーター RD344 ￥2300（編集部調べ／資生堂）

「肝斑」は頬にできやすく、左右対称に発生するのが特徴です。ファンデーションを塗っても上滑りし、透けて見えてしまうことがあり、コンシーラーを塗るには広範囲でやっかい。これらでカバーできないときは、スポンジ一体型のチークを使うと、肌にふわっと軽やかに色がのり、自然に隠すことができます。

悩み 2

「たるみ顔」は、耳のキワまでチークをのばすことで解消

締め色チークは耳のキワまで
明るめピンクのチークは目の下くらいまで
重なり部分が1／3程度になるように

肌なじみのいい色のチークを、締め色として耳のキワまでぼかすことが大事。肌の余白がなくなることで細く見えます。

悩み 3

少し丸くチークを入れると「こけた頬」もふっくら見える

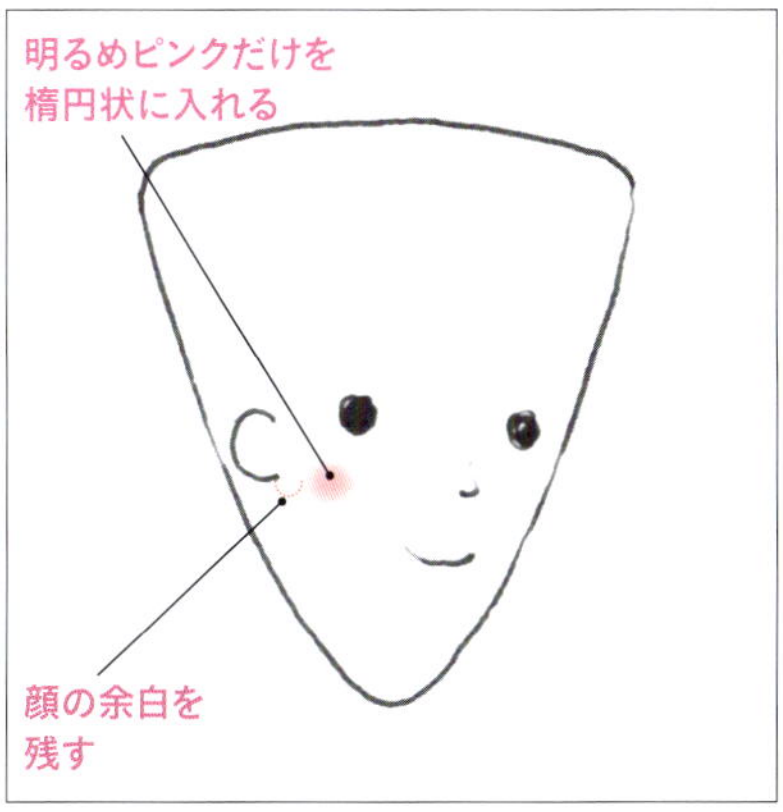
明るめピンクだけを楕円状に入れる
顔の余白を残す

顔がやせて見える人は、肌の余白を残すため締め色チークなしで明るめピンクだけで仕上げて。楕円に入れるのがコツ。

STEP 6 *Eyebrow*

眉（アイブロウ）

印象を引き締め、若々しさを取り戻す！

50代は……

加齢によって目もとが変化し、**自分に似合う眉の形がわからなくなっている**人が多数

やりがちなNG眉

NG 昆虫みたいな細い触覚眉

加齢によって目の位置が下がり、眉と目の間が広がります。眉を細く、さらに眉山を高く描くと、まるで昆虫の触角みたいに。

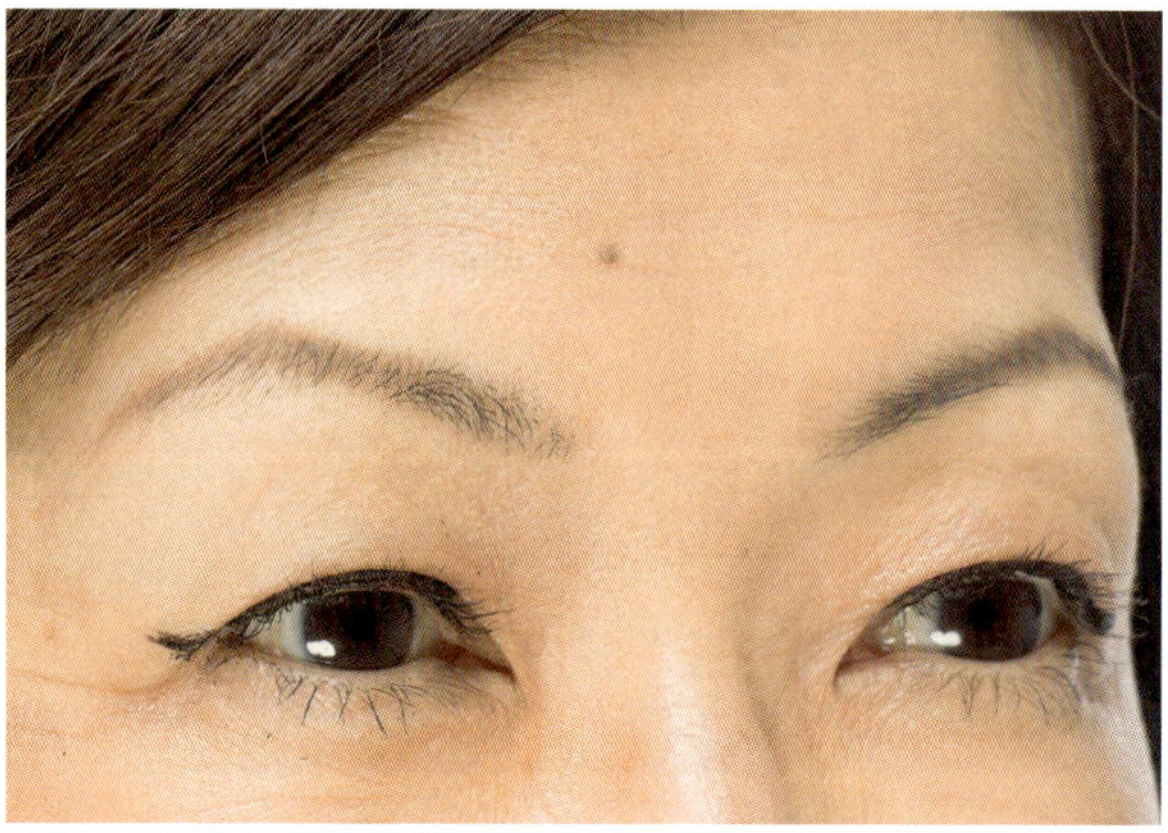

NG 眉頭が濃い貼りつき眉

眉は時代を反映するパーツ。眉頭までしっかり濃く描くと、べったりと貼りついたような印象になり、古くさい顔に見えてしまいます。

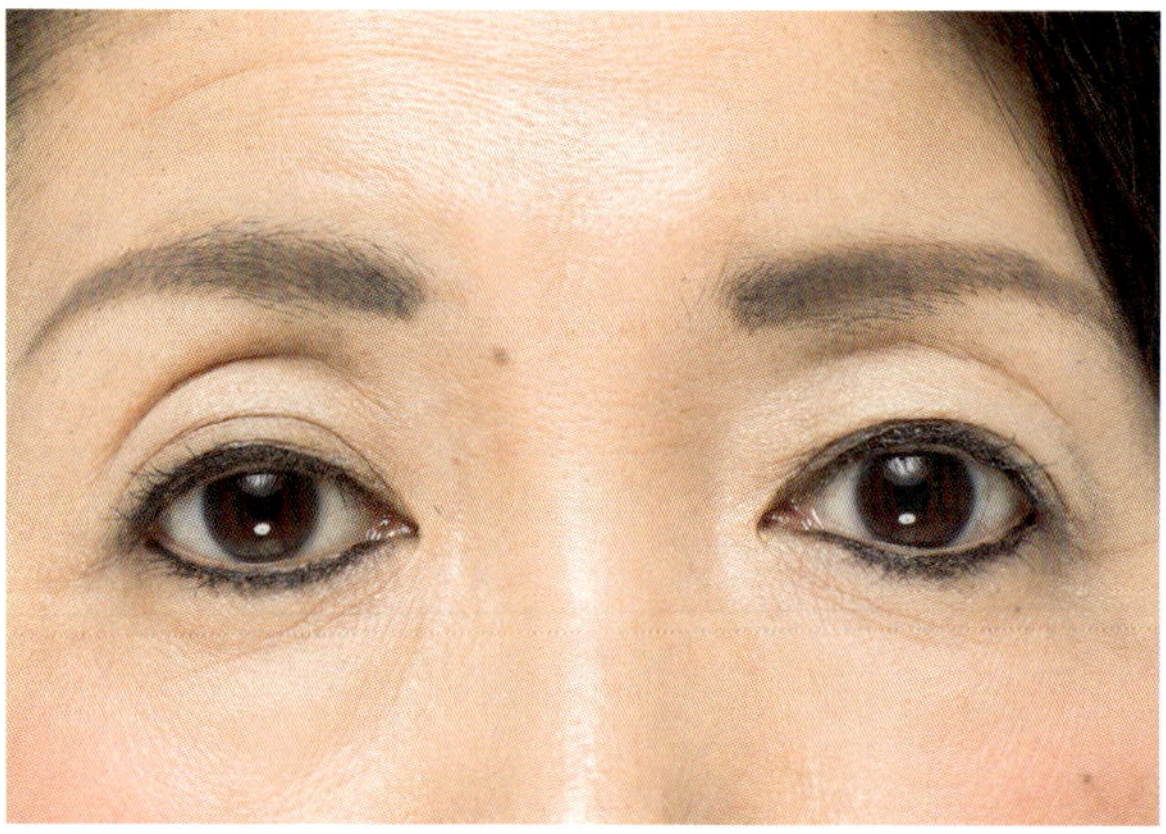

NG 眉尻が下がりすぎ

眉尻が下がると、困ったような顔になり、不幸オーラが……。眉尻は眉頭の位置よりも、絶対に下げないことが、今どき眉のルールです。

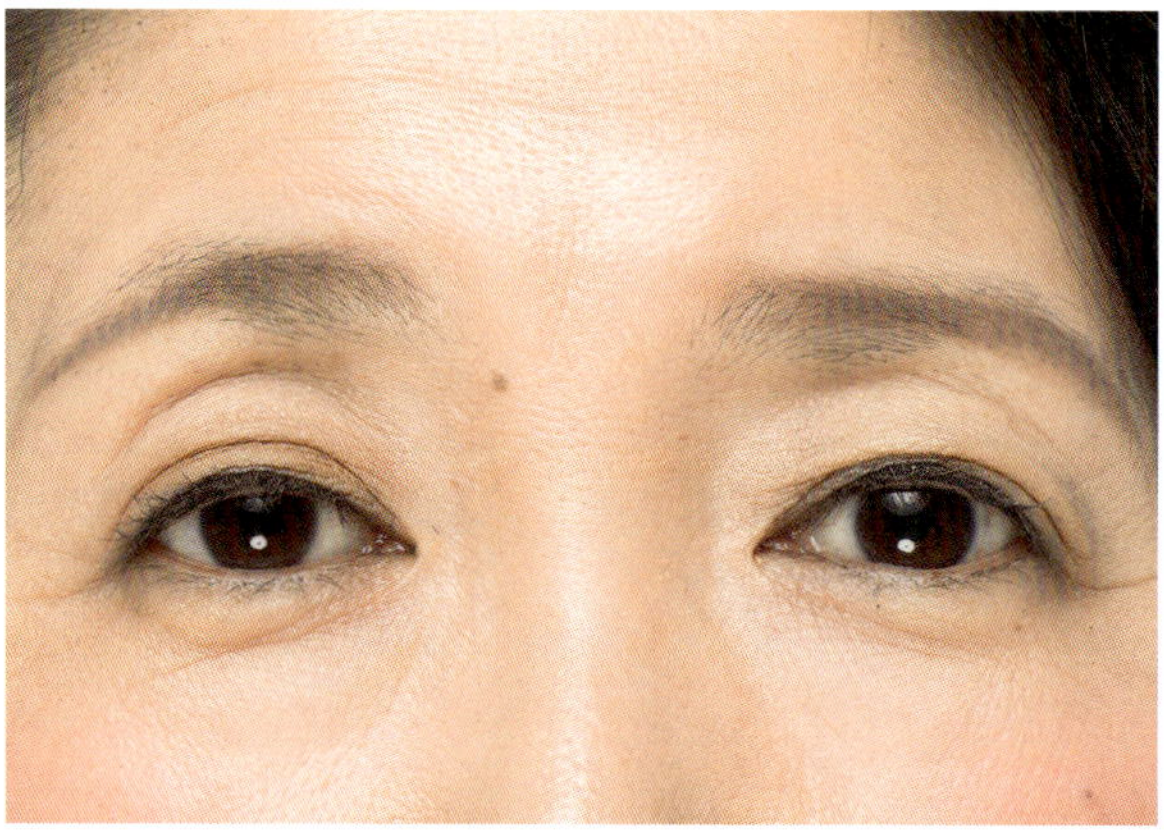

STEP1 メイク前のスキンケア
▼
STEP2 化粧下地
▼
STEP3 ファンデーション
▼
STEP4 仕込みチーク
▼
STEP5 フェースパウダー＆仕上げチーク
▼
STEP6 眉（アイブロウ）

正解

ポイントとなる眉山、眉頭、眉尻を決めれば自分に似合う、今どき眉がカンタンに描ける！

ペンシルで形をつくり、パウダーで立体感を演出

パウダー

色をブレンドして、髪色に合わせた眉色に。ケイト デザイニングアイブロウ３Ｄ EX-5 ￥1100（編集部調べ／カネボウ化粧品）

皮脂吸着パウダーによって眉落ちを防ぎ、仕上がり長持ち。セザンヌ ノーズ＆アイブロウパウダー 03 ￥580（セザンヌ化粧品）

ペンシル

１本でラインもぼかしもできる。ケイト ラスティングデザインアイブロウW N（FL） BR-1 ￥1100（編集部調べ／カネボウ化粧品）

細部まで思い通りに描ける超極細の0.97㎜芯。スージー スリムエキスパートSP 02 ￥1200（KISSME P.N.Y（伊勢半））

オバサン化の原因は、古くさい眉にアリ！

船津流メイクがアイメイクやリップメイクをしなくても、デイリーメイクとして有効なのは、肌と眉がきちんとしているから。特に眉は、顔の印象を決める最大のパーツと言っても過言ではありません。また、眉には時代によって太さや形の流行があり、若いときの眉の描き方をずっと続けていると、古くさく老けた印象になってしまいます。

今どきは抜け感のあるナチュラルな眉が主流。形をつくりすぎず、自分の顔立ちに合った、自然な眉に仕上げましょう。眉山、眉頭、眉尻の3つのポイントを最初に決めると、誰でも失敗なく、自分に似合う眉を描くことができます。

自分に似合う眉の黄金律

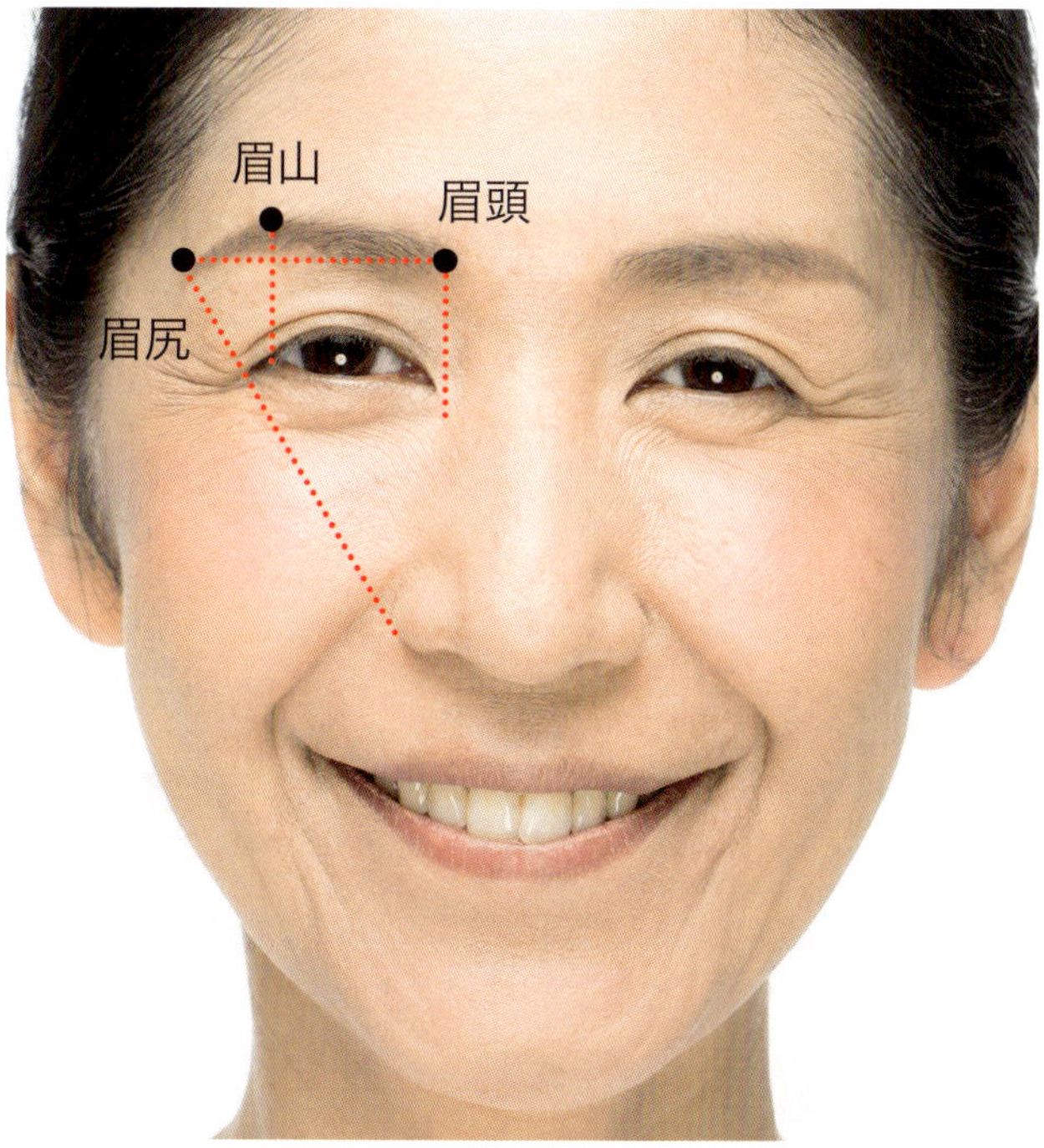

眉を描くときのガイドになるのが眉山、眉頭、眉尻の３つのポイント。小鼻と目尻を結ぶ延長線上に眉尻を決め、目頭の上の位置に眉頭を置き、眉山は正面を向いたときの白目の端の位置に合わせます。鏡を正面に置き、真っすぐに見て描くと失敗しません。

具体的な描き方は次のページからSTART！

1 最初に決めるのは眉尻。ブラシの柄などを使って位置を取る

ペンシルを使ってポイントとなる位置を決めます。小鼻の横と目尻を結ぶ線にブラシや定規をあて、延長線上に眉尻の位置を取ります。

2 眉尻と同じ高さに合わせて眉頭の位置を決める

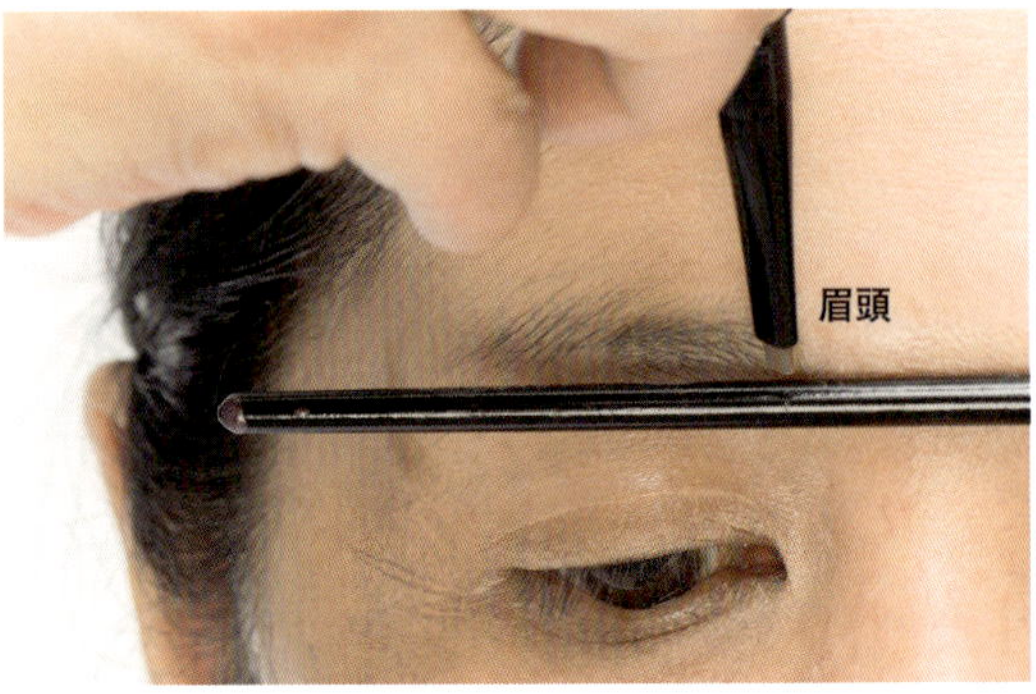

眉尻と眉頭は同じ高さ。これを守れば、失敗なく、眉を描くことができます。眉尻が眉頭よりも低いと、困ったような不幸顔になるので注意を！

3 正面を見たときの白目の端をまっすぐ上に延ばした位置が眉山

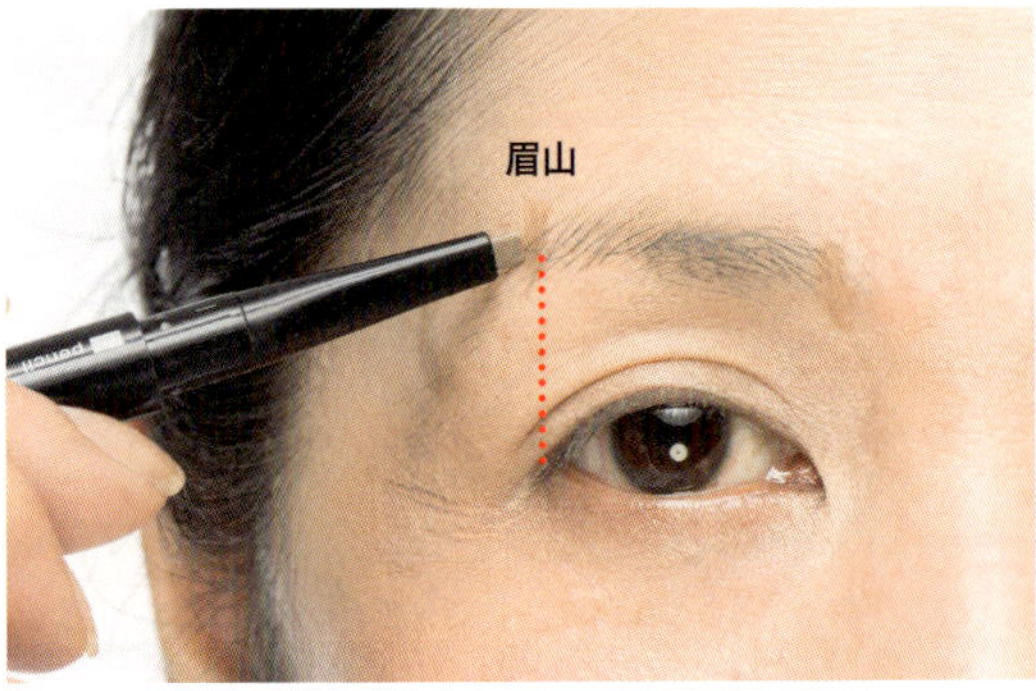

眉山は高く取らず、なだらかなラインになるように意識します。正面を見たときの白目の端をまっすぐに上に延ばした位置に取ると失敗しません。

4 眉山と眉尻のポイントをペンシルでつなぐ

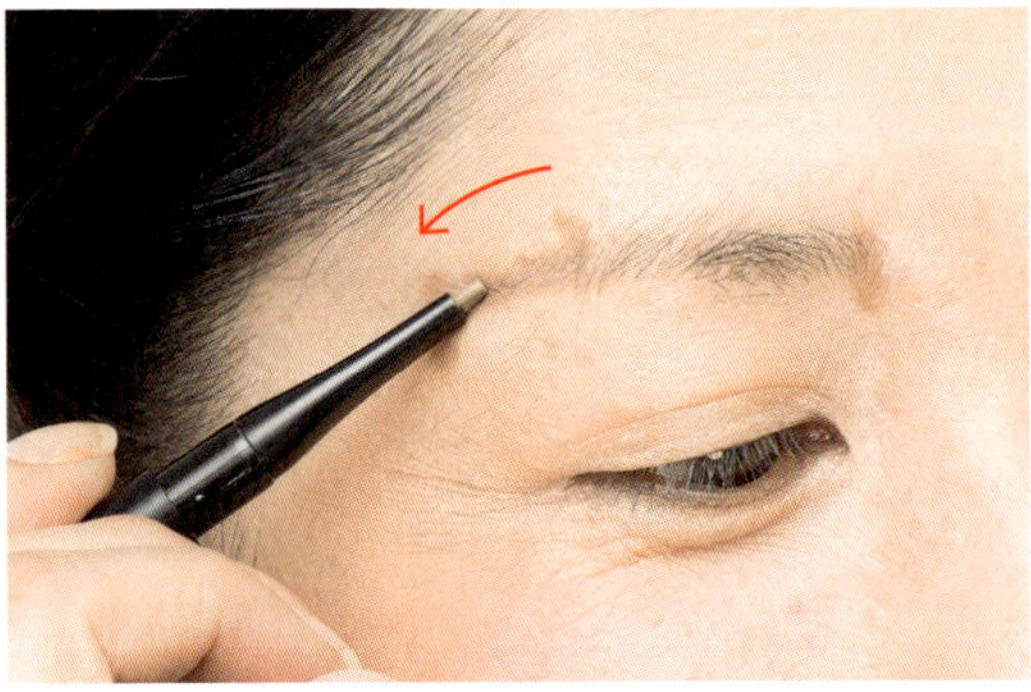

３つのポイントが決まったら、ペンシルを使ってラインを描きます。まずは眉山と眉尻のポイントをつなぎます。イッキに描かず、眉１本１本をつなぐ感覚で。

5 眉頭が濃くならないように、少し外した位置から眉山までつなぐ

眉頭が濃いと、眉がべったりした古くさい顔に見え、また表情もきつく見えます。眉頭のポイントから２～３mm外側から描き始め、眉山とラインをつなぎます。

ラインが完成！

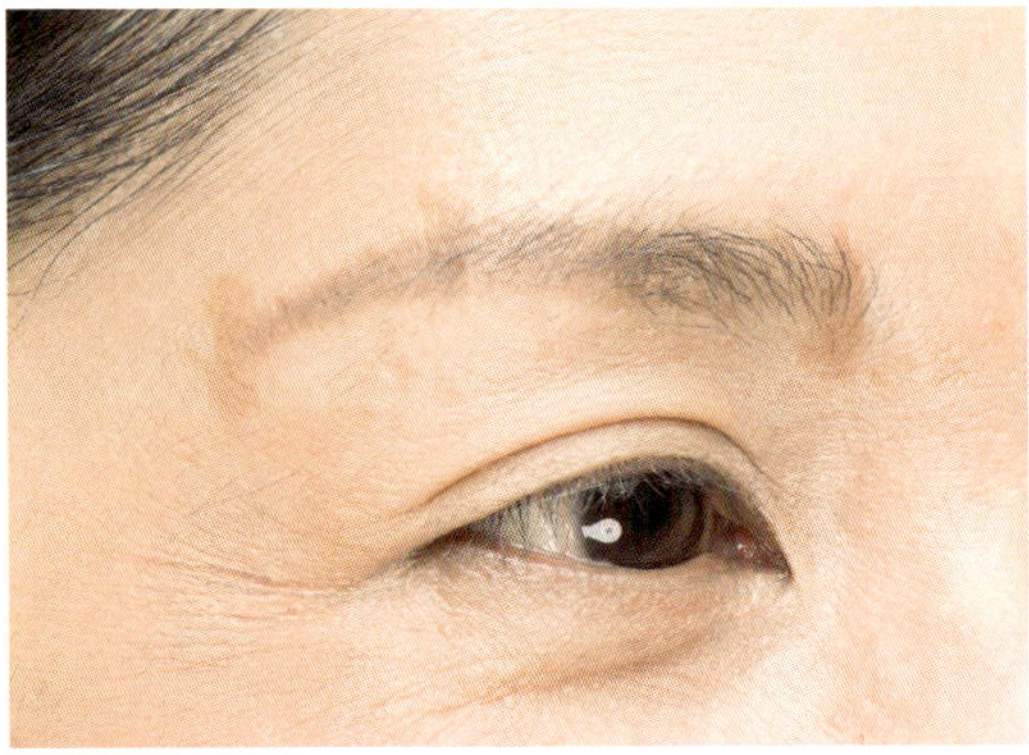

自分の顔立ちに合った眉のラインが描けました。あとはこのラインを軸にして、パウダーで立体感をプラスしていきます。ここまで完成すればあとは楽勝！

6 最初に決めたポイントの点を綿棒を使って消す

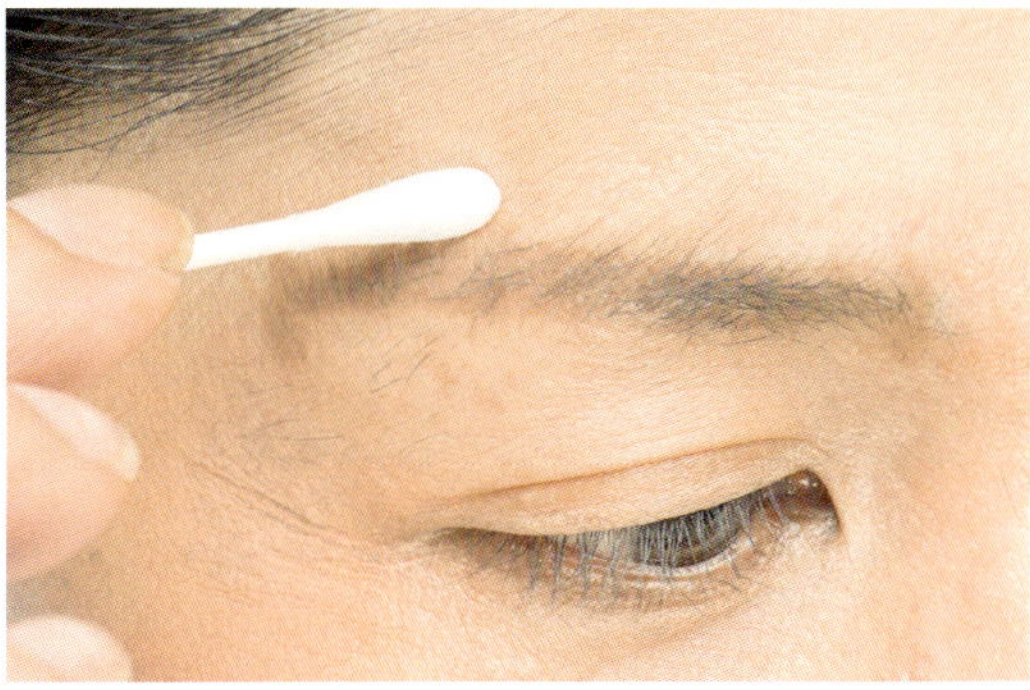

描いたラインからはみ出している部分を、綿棒で軽くこすります。落ちにくいときは綿棒の先に乳液をなじませると、キレイにオフできます。

7 パウダーでぼかすと立体感が生まれ、若見え度が上がる

濃くつきすぎないように、手の甲で調整してから眉に色をのせます。

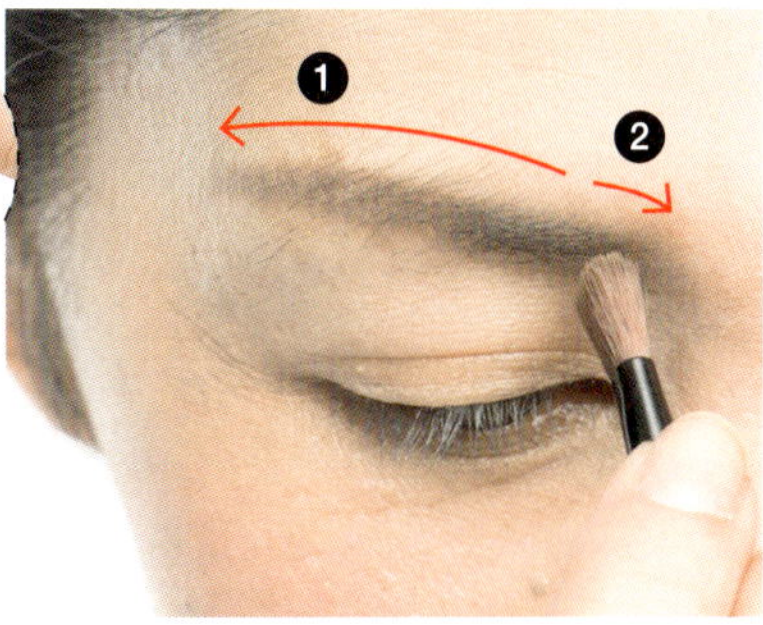

ラインを描くときと同じように、眉頭の部分を少し外した位置から眉尻に向かってぼかします。ブラシに残ったパウダーだけで、眉頭は最後に薄く仕上げて。

Finish!

眉が整うと、イッキにアカ抜け顔に変わる！

ぼやけていた顔も、眉を描くことで引き締まり、表情がイキイキ。洗練された印象をつくるとともに、若々しさがアップします。

＼すっぴん眉／

Before

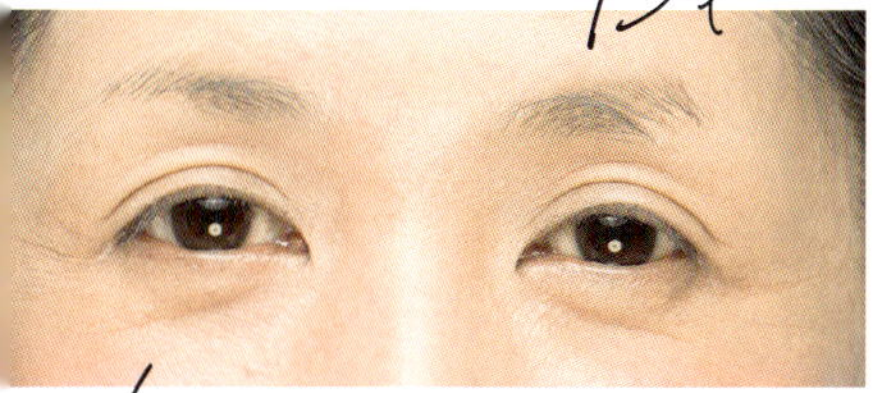

薄く、ちょっとさびしい眉。目もとの印象もぼやけた感じになり、老け顔の原因に。

After

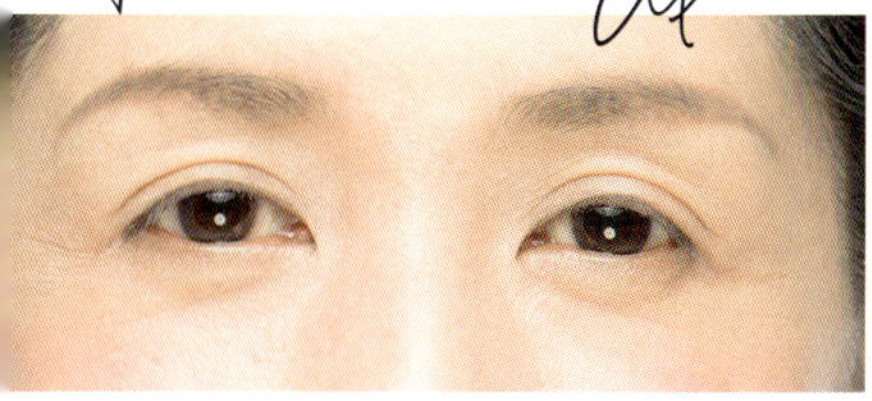

眉を描いただけなのに、印象が大きく変化！
力強さが復活し、若々しい目もとになります。

やっかいな眉の人でも
若見えの洗練眉が描ける攻略法

左右のバランンスが違う眉の場合

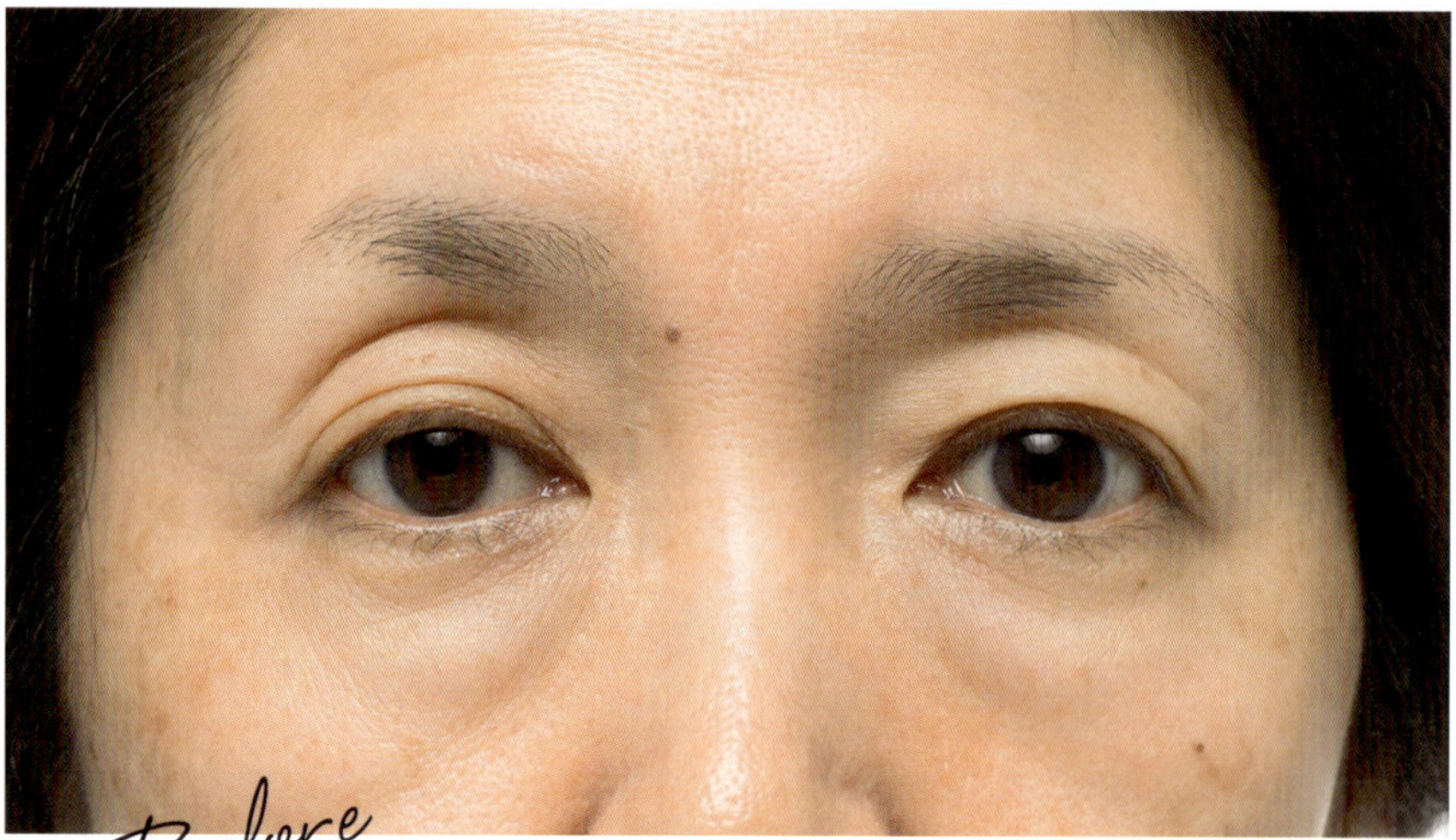

Before

右眉は上がり眉だけれど、左眉は下がり眉。表情のクセなどによって高さが違う人や、毛の濃さや生え方が違う人は結構います。

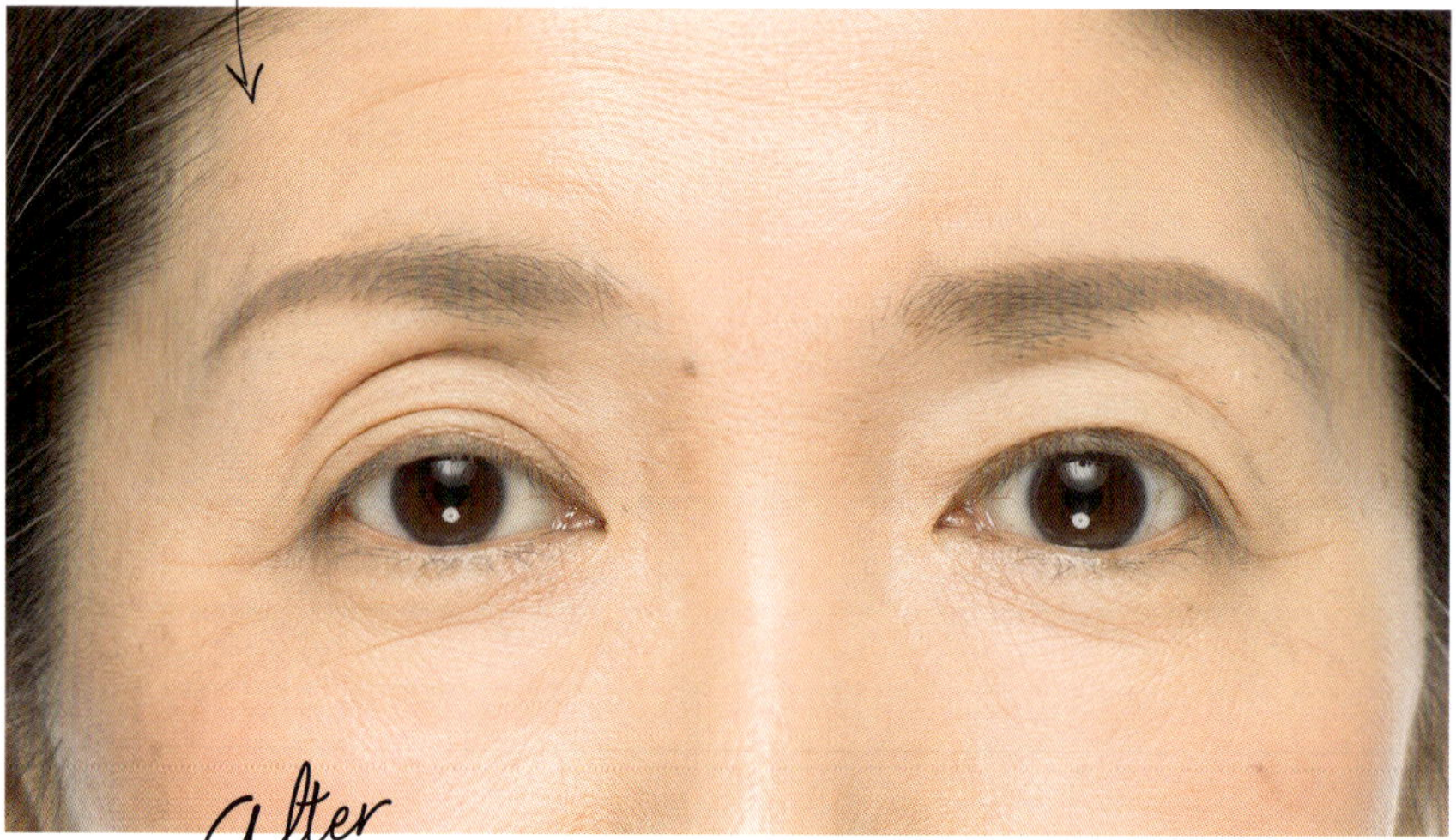

After

ポイントとなる眉山、眉尻、眉頭の高さを、どちらかの眉に合わせて調整します。鏡を見ながら、左右少しずつ描いていくのがコツ。

眉は十人十色！ 慣れるまでは練習あるのみ

紹介した眉山、眉尻、眉頭の3点を決める描き方は、誰でも簡単にできる基本ですが、左右の高さが違う人などは、微調整が必要です。また毛量がなく、薄い人は、毛を1本1本描き足していき、下のラインを整えるのがポイント。ペンシルの芯の太さや、パウダーの色などによっても、仕上がりに違いが出ますので、いろいろ試して、使いやすいものを選びましょう。眉は難しいパーツですが、練習を繰り返すことが上達のいちばんの近道。慣れれば短時間でキレイに描けるようになりますよ。自分の眉の黄金律がつかめれば、毎回ペンシルで眉山の位置などを決める必要はありません。

column

眉毛は絶対に抜くべからず！

眉は抜いてしまうと生えてこなくなることがあります。眉の形を整えるときは、眉バサミや眉用の電動シェイバーを使いましょう。眉コームでとかしたとき、ハミ出した部分だけをカットしたり、剃れば失敗はありません。電動シェイバーは顔剃りもできるタイプがオススメ。口の周りや、生え際などのうぶ毛を剃ると、肌が明るく見え、ファンデーションのノリもよくなります。

肌を傷つけず うぶ毛もすっきり

肌の凹凸に合わせて密着し、顔の細かいうぶ毛もキレイに剃れます。フェリエ フェイス用 ES-WF60 オープン価格（パナソニック）

刃先のコームが 切りすぎを防ぐ

刃先に小さなコームが設置。毛流れを整えながら片手でカットできます。クシ付きマユハサミ DX ピンク￥900（貝印）

［ ほとんど眉がない場合 ］

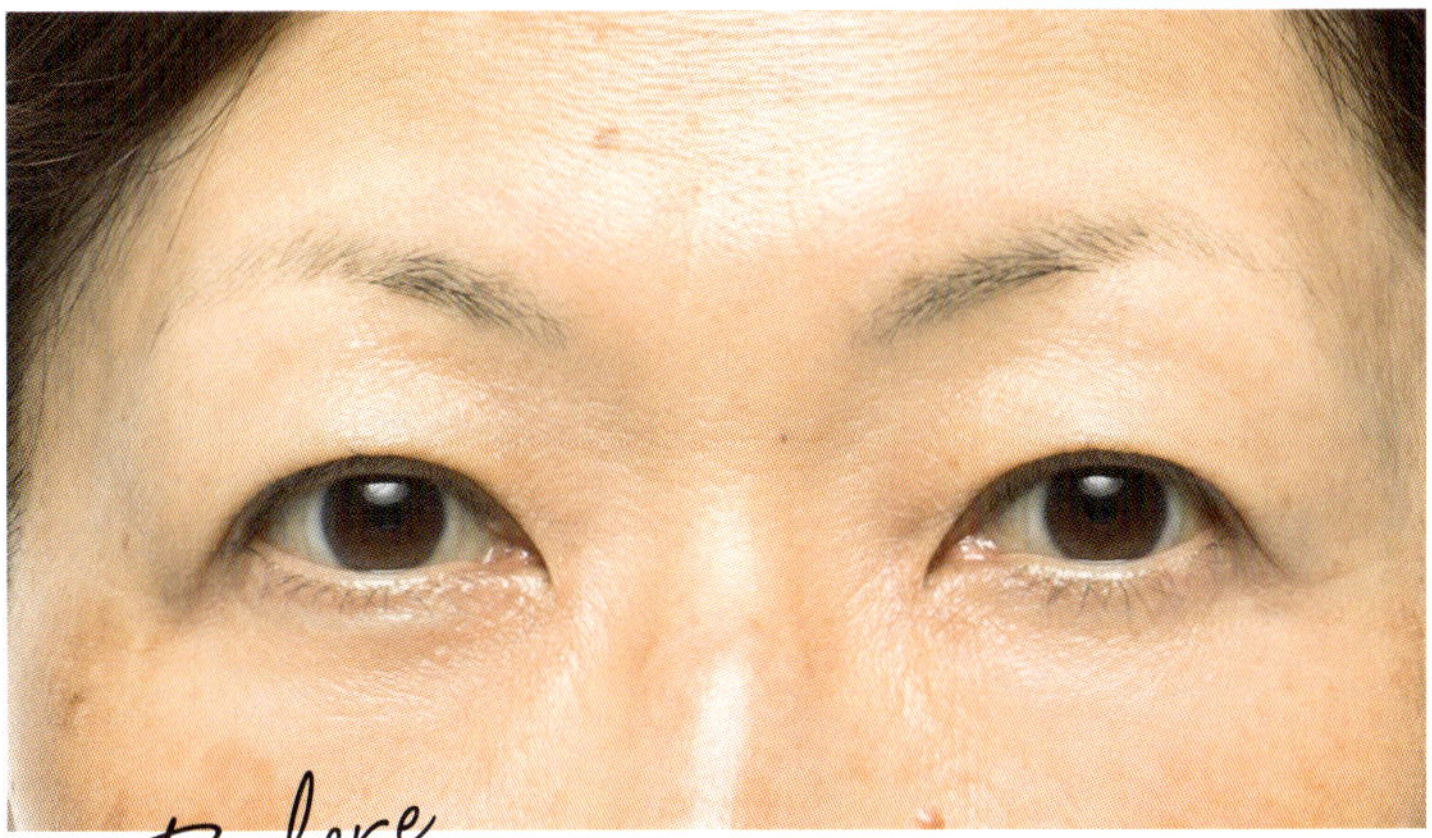

Before

「細眉ブームのときに抜きすぎて、生えてこない」という人も多い 50 代。髪の毛と同様に加齢にともない薄く、細くなる人も。

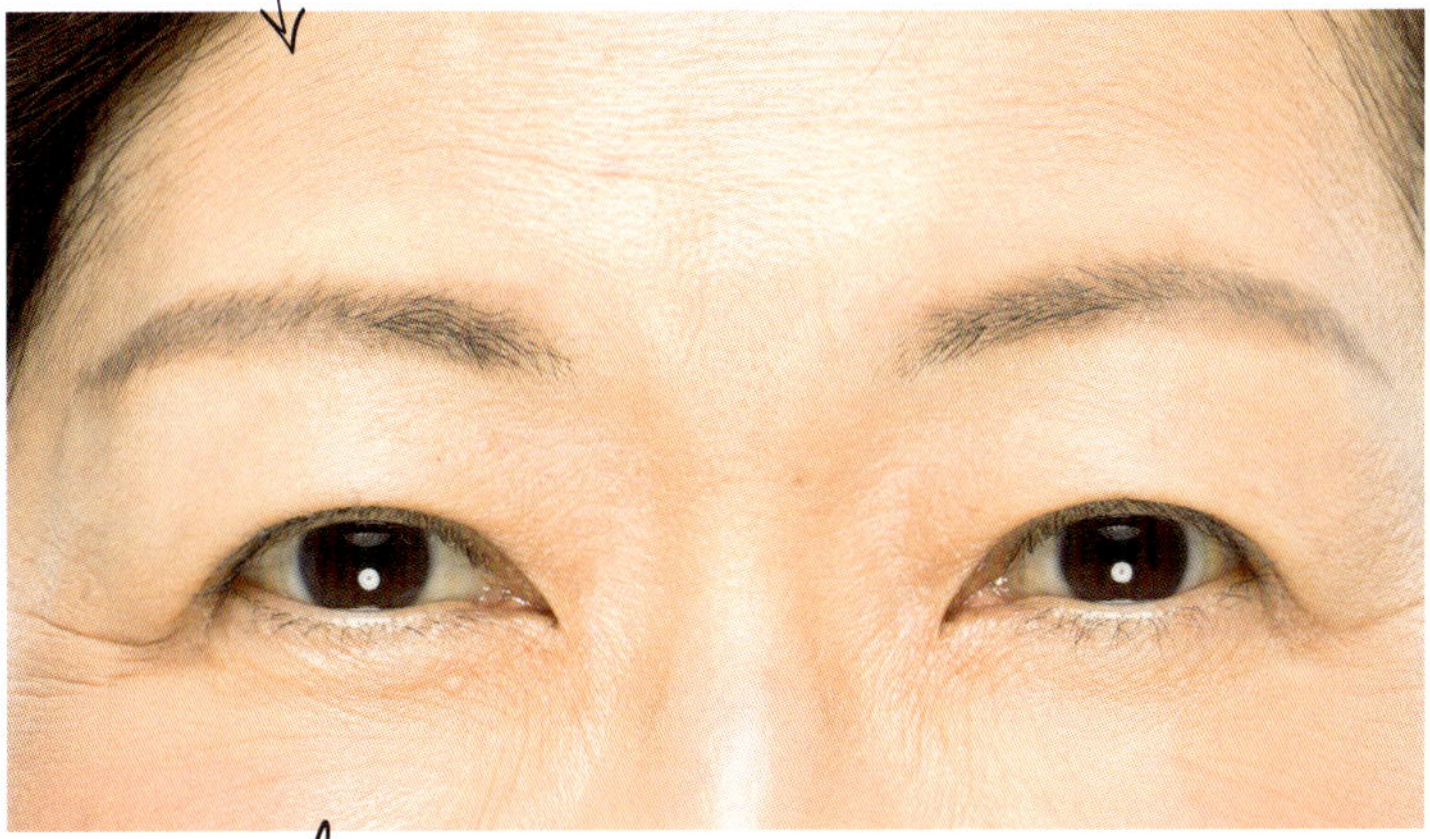

After

眉尻をきちんと決め、ペンシルで眉１本１本を描き足し、眉の下のラインを整えます。そしてパウダーでぼかして、毛量感をプラス。

眉間のシワ
ついついやって いませんか？

要注意！

眉間にシワを寄せていると 怒ったような眉の形が 定着してしまいます

50 代になると、老眼の悩みも出てきます。スマホを見るときなど、つい眉間にシワが寄っていませんか？　無意識にやってしまっている表情のクセは、ずっと続けていると定着してしまいます。「不機嫌そう」「怖い」なんて印象を持たれないように気をつけて！

ここまでで90%完成!

ちょっとしたおでかけなど デイリーにはこれだけで十分!

アイメイクもリップもなしなのに、ナチュラルにキレイで、ちゃんと外出できる顔に仕上がるのが、船津流“お悩みぶっ飛び”メイクの最大の特徴です。気になる悩みも、ファンデーションを厚塗りせずにカバー。その人の持つナチュラルな魅力を引き出します。

こんなに変わった!

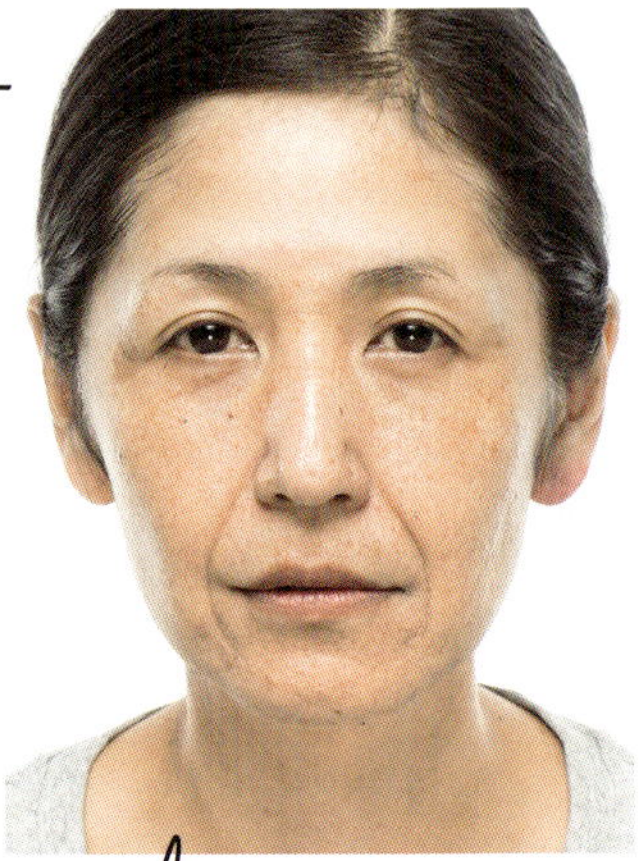

Before

50代ならば、誰しもがシミ、シワ、くすみ、たるみの悩みはあってあたり前。わかってはいるけれど、鏡を見るたびにため息が出ます……。

大きめのシミも目立たない
バランスのよい眉でアカ抜け、若見え!
くすみを一掃した、晴れやかな透明肌
自然な血色感が生まれ表情もイキイキ明るく
ほうれい線も気にならない

After

血色感のある肌と、ナチュラルだけど整えられた眉こそが、50代を美しく見せるポイント。アイメイクやリップメイクなしでも、十分に若々しく、輝いて見えます。

ベースメイクに眉とチークだけ！ナチュラルな仕上がりが、50代を美しく輝かせる！

アイメイクとリップはしてません！

50代、あきらめるのは、まだ早い！　笑顔の似合う、ナチュラルメイクによって、毎日がハッピーに変わります。

アイメイクとリップをプラスすることで、さらに若々しく、華やかに！

50代の美しさを完成させる100％メイク

もっと華やかな気分を出したいときは、アイメイク＆リップメイクをプラス。魅力全開、100％の仕上がりを目指しましょう！

これで100%

色とラインで華やかさアップ！

90%メイク ＋ 【アイメイク】STEP 7 アイライン／STEP 8 アイカラー／STEP 9 マスカラ ＋ 【リップメイク】STEP 10 リップ

STEP 7 Eyeline

アイライン

タレて小さいオバサン目をくっきり大きく！

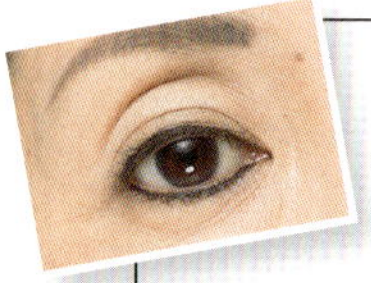

目をくっきり見せたいからと、上下がっつりとアイラインを描くと、イッキにケバい顔に！

50代は……

まぶたがたるんで、目尻が下がり、目が小さく見えがち。**くっきりさせたい、切れ長に見せたい**とアイラインの使い方を**間違えやすい**

アイラインを長くハネ上げて、切れ長の目に見せようとしても、わざとらしいだけ。

正解

アイラインはまつげとまつげの間を埋めるように描き、さりげなく使うこと！

にじみにくい、黒のアイラインが正解！

★

やわらかなペン先で、とろけるような描き心地。D-UP スーパーフィット ジェルライナー BK ￥1200(ディー・アップ)

自然なラインが描ける1.5㎜の極細芯。ケイト レアフィットジェルペンシル BK-1 ￥1100(編集部調べ／カネボウ化粧品)

90%メイク
▼
STEP7 アイライン
▼
STEP8 アイカラー
▼
STEP9 マスカラ
▼
STEP10 リップ

大きく見せようと、太く長く描くのは逆効果

アイラインは目を大きく見せるのに効果的なアイテムです。ただし、使い方を間違えると逆効果。目ヂカラを上げようとアイラインで目を囲うように描いたり、目尻のラインを長くハネ上げるような描き方は、目を小さく見せたり、古くて野暮ったく、ケバい顔になってしまうこともあります。

正解は、ラインだけが悪目立ちしないように、まつげとまつげの間を埋めるように描くこと。ラインはイッキに描こうとせず、点を打つような感覚で少しずつ描いていくと失敗しません。さりげなく、目の輪郭を強調することができ、若々しい目ヂカラがよみがえります。

1 最初は上から! まつげのキワにラインを入れる

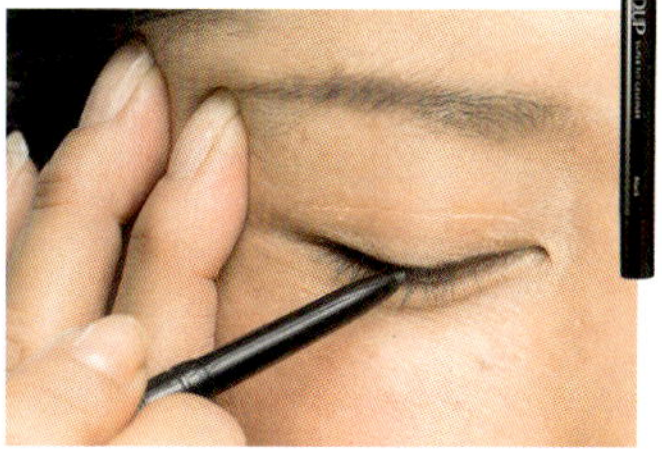

目頭から目尻まで、まつげの上からキワの部分に点を打つようにしてラインをつなげます。片側の手で目尻をひっぱると描きやすくなります。

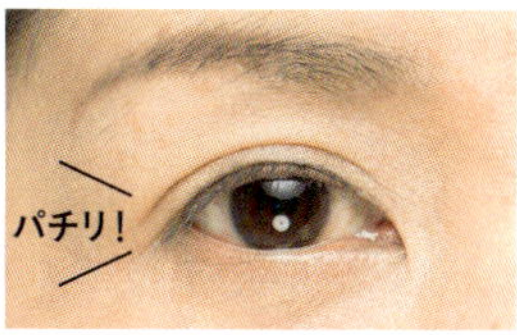

まつげのキワにラインを描いているので、仕上がりが自然。

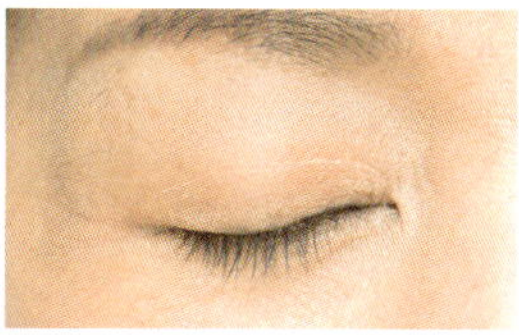

目をつぶったときも、ラインだけが悪目立ちしません。

2 まつげとまつげの間を埋めていく

次はまつげの下から描きます。片側の手でまぶたを少し持ち上げ、まつげとまつげの間を埋めるように、ラインをつなげていきます。

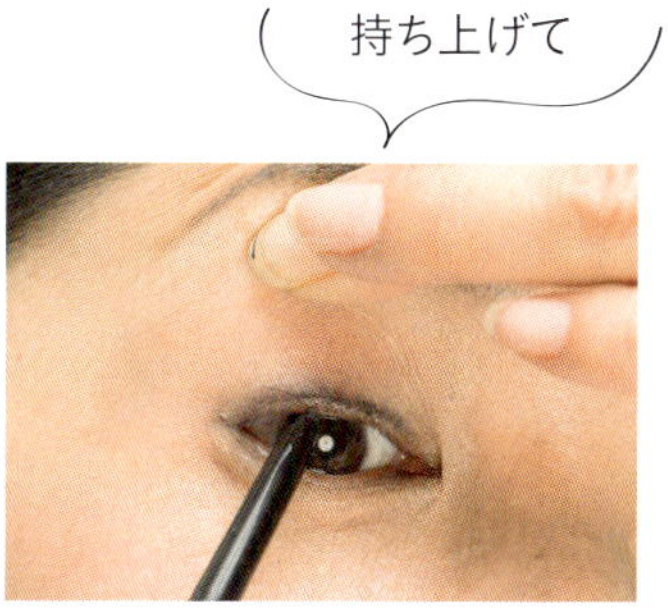

3 ラインの上から綿棒でぼかす

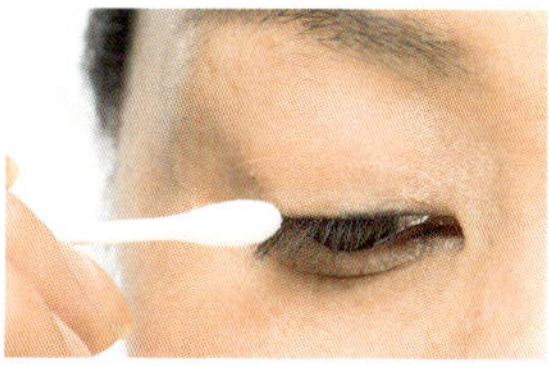

描いたラインを綿棒の先でなでるようにしてぼかすと、より自然に仕上がります。

Finish!

目の輪郭がくっきりし若々しさが復活!

アイラインを太く、長く描かなくても、くっきりと大きな目はつくることができます。仕上がりがとても自然で、若々しい印象に。

比べてみると

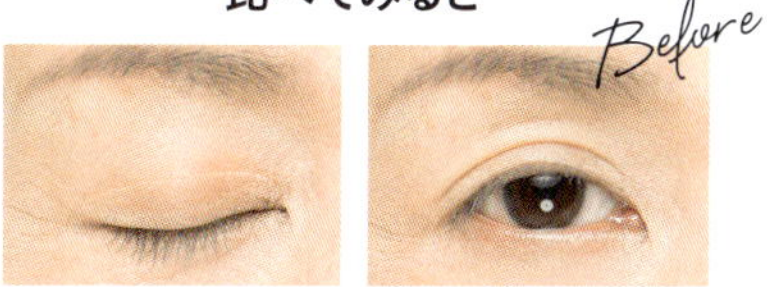

アイラインを入れる前のすっぴん目。ちょっぴりまぶたが重そうで目が小さい印象です。

▼

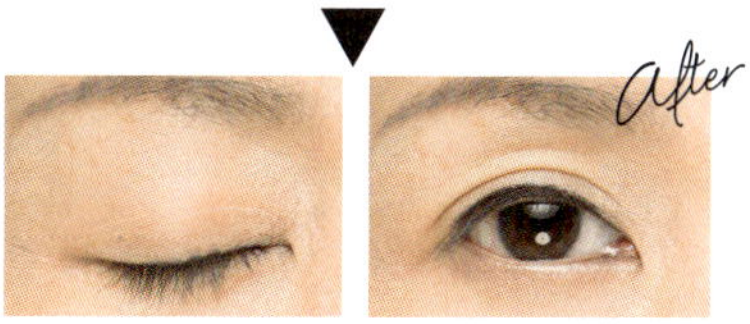

ラインを入れただけなのに、まるでまぶたが引き上がったような、ぱっちりアイに変身。

STEP 8 Eye color

アイカラー

自然な奥行き感をつくり、上品な目もとを演出

50代は……

まぶたのくすみ、たるみや、シワで
アイカラーがキレイにのらなくて、
残念なことになりがち

シワの溝にアイカラーのパウダーがたまってヨレてしまい、かえってシワを強調。

正解

ブラウン系のアイカラーを濃淡2色使いして上品な目もとをつくる

使い勝手がいいのはブラウン系のパレット

いろいろな組み合わせを楽しめる5色セット。重ねてもにごらず、クリアに発色します。ショコラスウィート アイズ ソフトマット 003 ￥1600(リンメル)

★

肌に溶け込み、自然な陰影をつくるラメなしタイプ。キャンメイク パーフェクトマルチアイズ 02 ￥780(井田ラボラトリーズ)

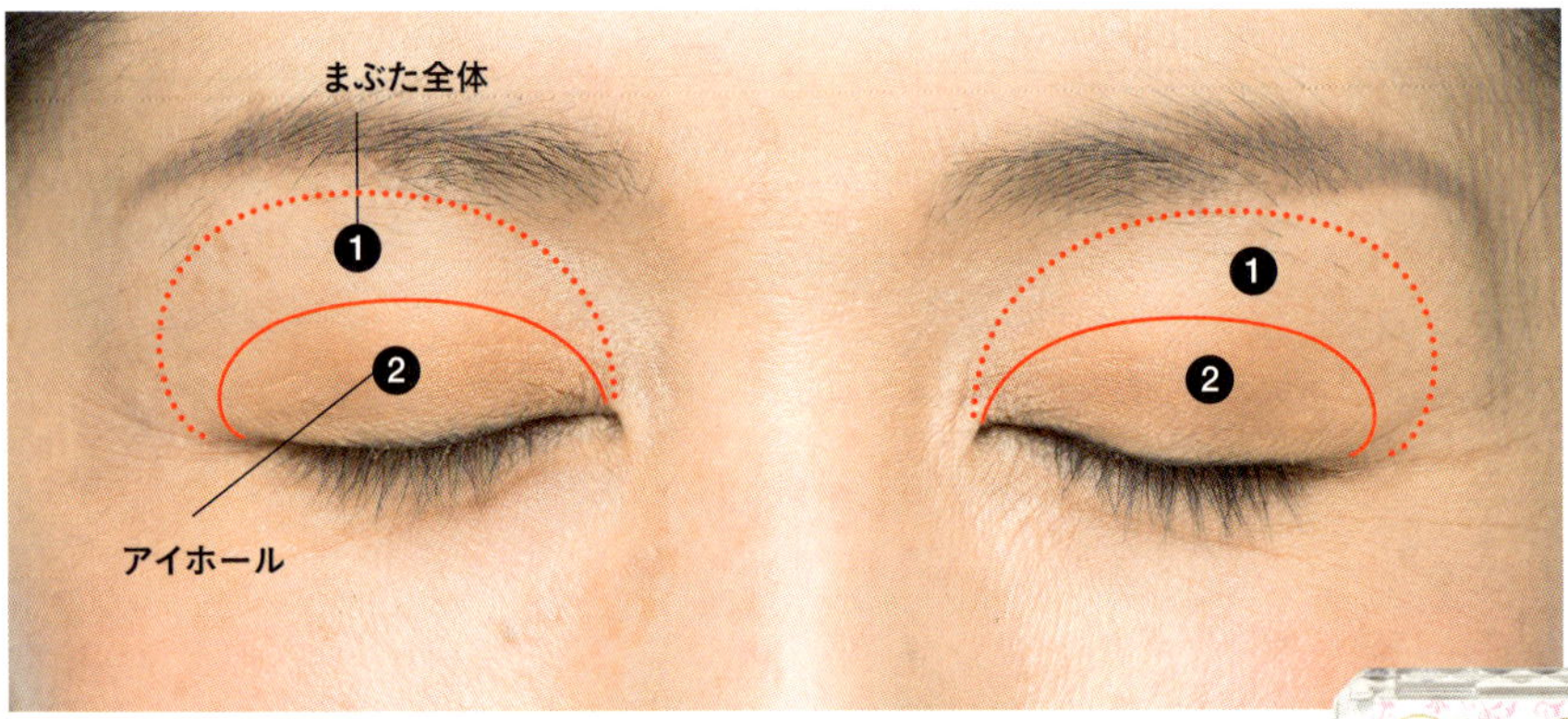

濃淡2色をまぶた全体とアイホールに入れる

まぶたのくすみを明るめの色ではらい、ベースをつくってから、マットなブラウンを使い、重いまぶたを軽く見せます。

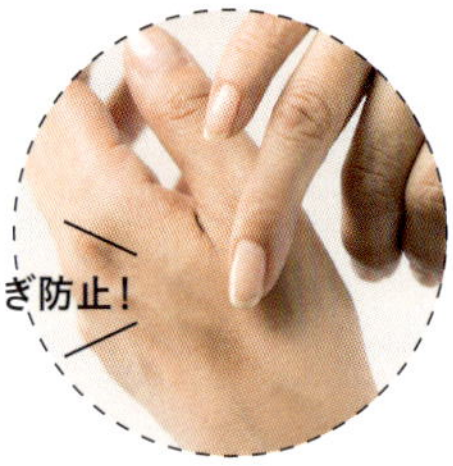

つけすぎ防止!

パウダー類は、肌につける前に、手の甲などで色を調整し、濃くつきすぎないように。

50代のアイカラー使いは欲張らないのがルール。使うのはハイライトカラーの明るい色と、締め色になる少しダーク系の2色のみ。

90%メイク
▼
STEP7 アイライン
▼
STEP8 アイカラー
▼
STEP9 マスカラ
▼
STEP10 リップ

たった2色でつくる自然なグラデーションアイ

50代女性は、目もとを華やかに見せようと、アイメイクをがんばりすぎると、残念なことになるのが現実です。目もとは、たるみやシワ、シミなど、エイジングのサインが出やすい部位。それらを無視して、若いときと同じやり方でアイカラーを何色も塗っても効果は出ません。

だから、僕はアイカラーはあえての2色使い。ギラつく大きなラメのタイプや、まぶたを重く見せる暖色系の色は避け、まぶたを軽く見せてくれるマットなブラウンを選べば間違いありません。くすみを払う明るめの色をベースに塗り、少し濃い色をアイホールに重ねるだけで、自然なグラデーションが生まれます。

1 まぶた全体に明るめの色をのせ、くすみを払う

最初はブラシを使って、明るめの色をまぶた全体にのせます。白っぽすぎると、色浮きして見えるので、肌になじむ色を選びましょう。

2 濃いめのブラウンをアイホールになじませる

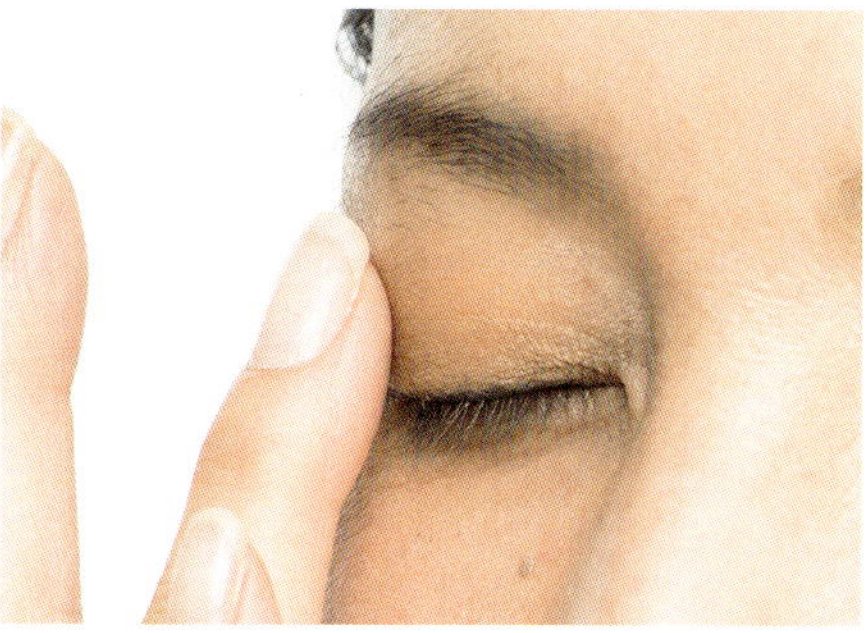

次は薬指を使って、まぶたにしっかり色をのせます。眼球の丸みに沿うように、指を左右に動かしてぼかし、自然なグラデーションを演出。

Finish!

奥行き感のある目もとが、やさしい表情をつくる

２色だけだから、時間もかからず、そして失敗知らず！　あっという間に、ナチュラルなグラデーションアイが仕上がりました。

比べてみると

Before

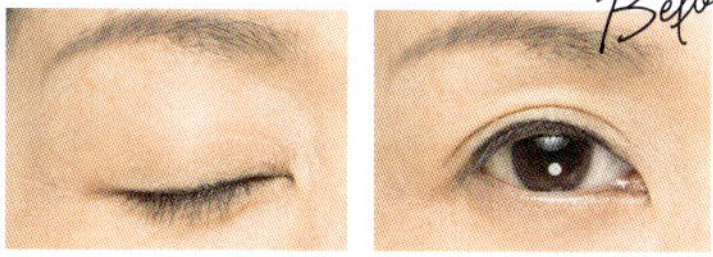

アイラインを入れただけの目。メリハリがあり、ぱっちり感はあるけれど……。

▼

After

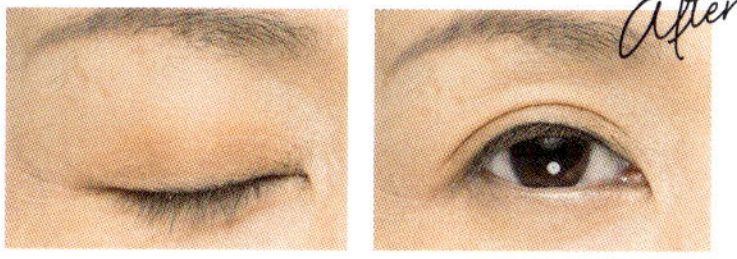

ブラウン系のアイカラーでグラデーションをつくることで、奥行きのある目もとに。

STEP 9 Mascara

マスカラ

まつげを上げることで瞳に光が宿り、イッキにマイナス5歳！

50代は……

たるんだまぶたの重みで、下がったまつげが瞳に影をつくり、表情が暗く見えてしまいがち

正解

まつげカーラーでまつげを上げ、マスカラでしっかりキープをすれば、瞳が大きく輝いて見えます

マスカラはボリューム系よりもナチュラル系を！

まつげカーラー

★

しっかりフィットし、どんなまつげもカールアップ。プロからも高評価。資生堂 アイラッシュカーラー213 ¥800（資生堂）

マスカラ

繊細なロングまつげに仕上がる。ラッシュ パワー マスカラ ロングウェアリング フォーミュラ 01 ¥3500（クリニーク）

★

細い三角ブラシによって、うぶ毛レベルの見えないまつげも1本1本際立てる。デジャヴュ ラッシュアップK 漆黒 ¥1200（イミュ）

マスカラ下地

カールアップしたまつげをキープ。エレガンス カールラッシュ フィクサー ¥3000（エレガンス コスメティックス）

★

水、涙、汗、皮脂に強くキープ力抜群。キャンメイク クイックラッシュカーラー 透明タイプ ¥680（井田ラボラトリーズ）

下がったひさしまつげが老け顔をつくる原因に！

目に星があり、キラキラ……。これは少女マンガでよく見る表現ですが、目に光があると表情が明るく輝いて見えます。もともと、日本人はまつげが下向きに生えている人が多いのですが、加齢とともにまぶたがたるんで、まつげに覆いかぶさると、さらにまつげは下を向き、まるでひさしのように瞳に影をつくります。これが老け見えの原因に。

瞳に光を取り戻すのが、まつげカーラーとマスカラ。マスカラ下地も使い、カールアップしたまつげをしっかりとキープすることが成功の鍵を握ります。マスカラは細いブラシのナチュラルに仕上がるタイプを選びましょう。

1 下がりまつげをカールアップ

まつげの根元をまつげカーラーではさみカールします。力を入れすぎるとまつげを傷めるので注意。

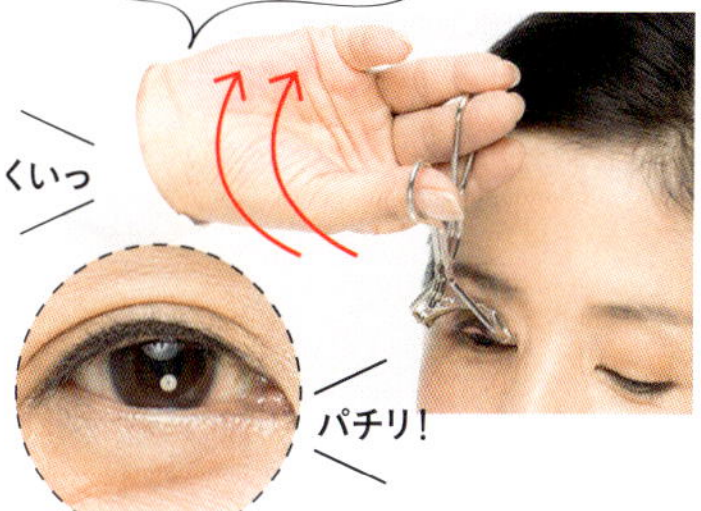

手首を返しながら、数回に分けて毛先までスライドしていきます。これでまつげが上がる！

2 マスカラ下地を根元から塗る

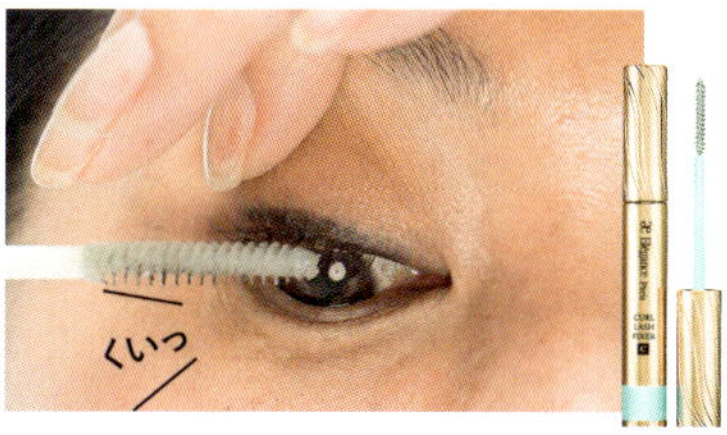

片側の手でまぶたを持ち上げ、まつげの根元からマスカラ下地を塗り、カールをキープします。

3 黒マスカラを重ねて塗る

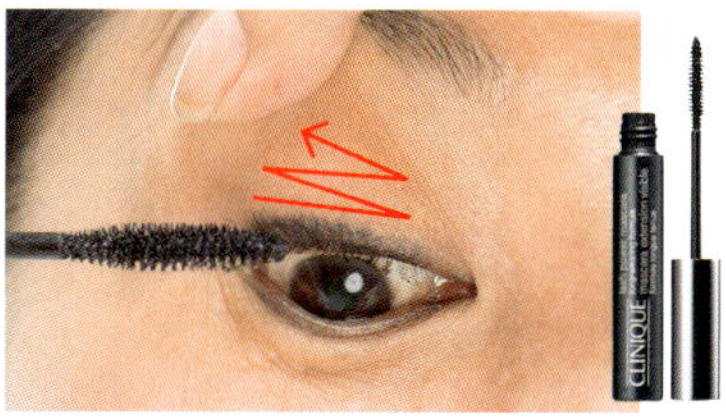

使うのは黒のマスカラ。根元からジグザグと左右にブラシを動かしながら、毛先まで塗ります。

4 目頭のまつげはブラシを縦に

細くてキャッチしにくい目頭のまつげはブラシを縦にし、目線を上げると塗りやすくなります。

5 コームでとかしセパレート

仕上げにコームでとかし、ダマやくっつきを防止。1本1本がセパレートし、自然な仕上がりに。

Finish!

キラリと輝く瞳が若々しさをアピール

まつげが上がることで、表情を暗く見せていた影が消え、瞳がぱっちりと大きく輝いて見えます。印象も若返り、存在感がアップ。

比べてみると

Before

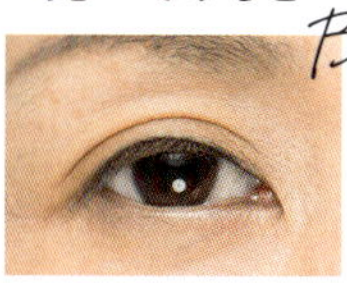

まつげが下向きになり、瞳にかかってしまい、目が小さく、ちょっとさびしそうな表情に……。

▼

After

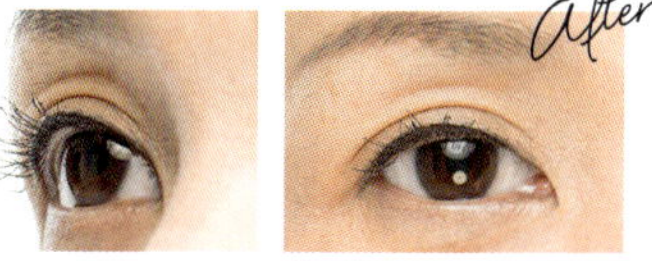

下向きまつげを根元からカールアップ。瞳に光が入って輝き、パッチリ大きく見えます。

あの手、この手で、悩みを撃退！
さらに完成度を高める、アイメイクテクニック

アイテープやつけまつげを駆使し、悩みを克服！

たるみにシワ、くすみなどのエイジングサインによって、目もとは年齢が出やすいため、「何をやってもムダ」とあきらめてしまう人も。でも、それらの悩みをカバーしてくれるアイテムがあるので使わない手はありません。

たとえば、まぶたがかぶって、二重のラインが隠れてしまったり、まつげの毛先が見えなくなっている人には、アイテープやつけまつげをオススメしています。「若い人が使うもの」「難しそう」という先入観は捨ててぜひお試しを。上手に使えばとても自然に仕上がり、劇的な若返りがかないます。50代、あきらめるには、まだまだ早いですよ！

悩み1 「まぶたがシワっぽい」人は クリームタイプのアイカラーをチョイス

密着感の高いクリームやジェルタイプのアイカラーを使うと、シワ部分にも薄く密着し、ヨレや粉っぽさとは無縁の仕上がりに。

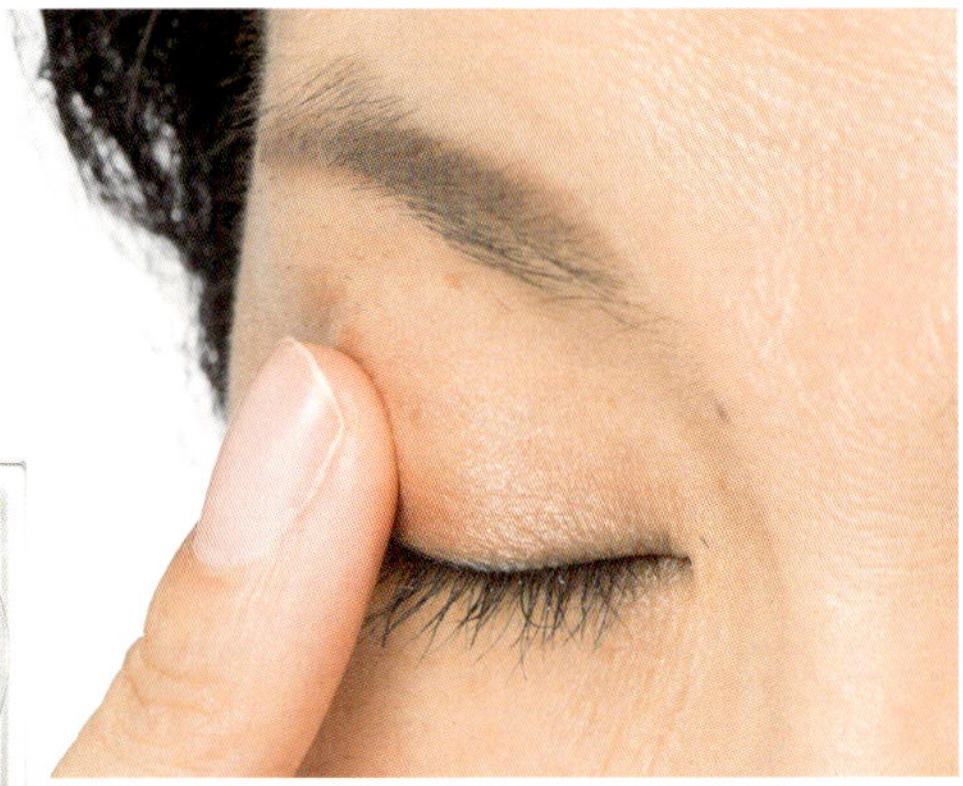

濡れたようなツヤで大人っぽい目もとに

肌になじみやすく、上品なツヤの輝きで魅せる目もとに。カネボウ モノアイシャドウ 03 ￥3200（カネボウインターナショナルDiv.）

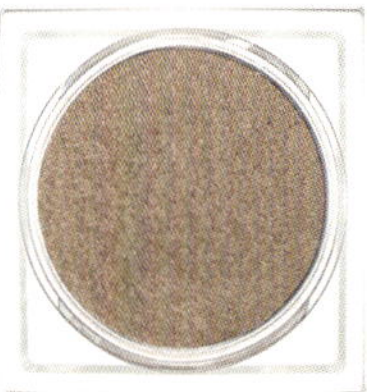

悩み2 「まぶたが重く下がり、眠そうな目」には アイテープが有効

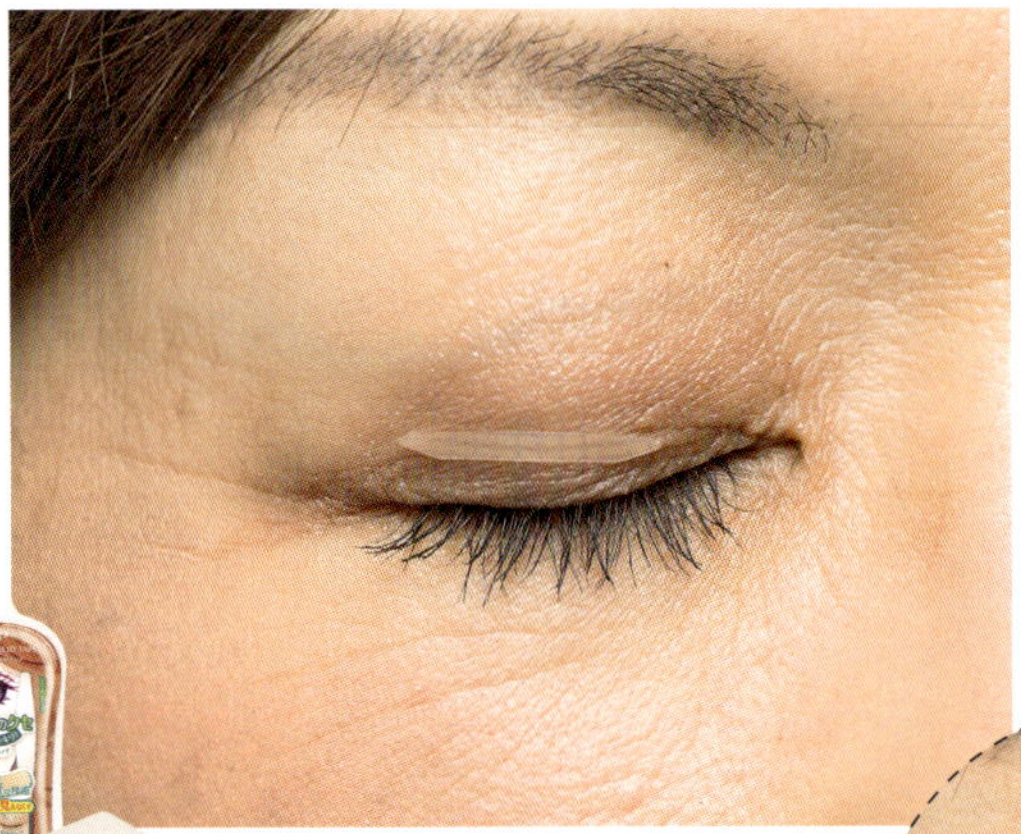

二重をつくるアイテープは、実は50代の強い味方。重く下がったまぶたを押さえることで、ぱっちりとした目を取り戻せます。

整形並みの美しい二重に

絆創膏の技術を応用した目立たないテープ。D-UP ワンダーアイリッドテープ 片面タイプ 144枚入り ￥1000（ディー・アップ）

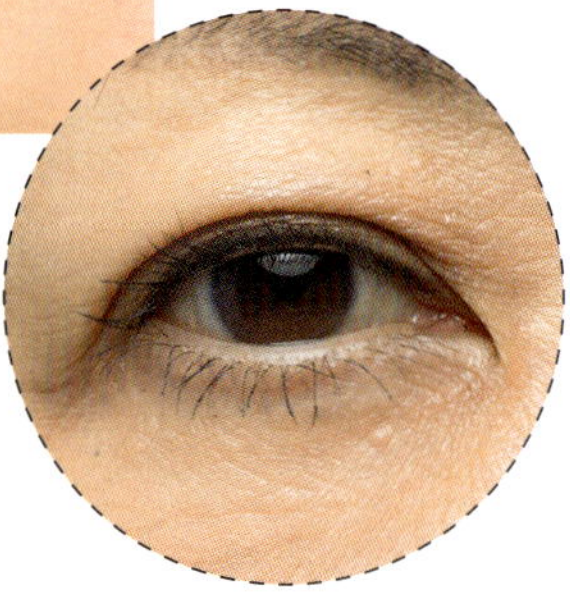

まぶたに隠れていた、二重のラインが復活し、まつげもきちんと見えます。

悩み3

まぶたがかぶって「まつげが隠れてしまう」人は、目尻につけまつげを使うとぱっちり見える！

まぶたのたるみにはアイテープ同様に、つけまつげもおすすめ。まつげがまぶたで隠れてしまっても、目尻につけまつげをつけるだけで、ぱっちりと若々しい目もとになります。

超軽量のソフトな毛を使用

自まつげと自然になじみ、ふんわり軽やか。D-UP アイラッシュ シークレットラインエアー 936 ¥1200（ディー・アップ）

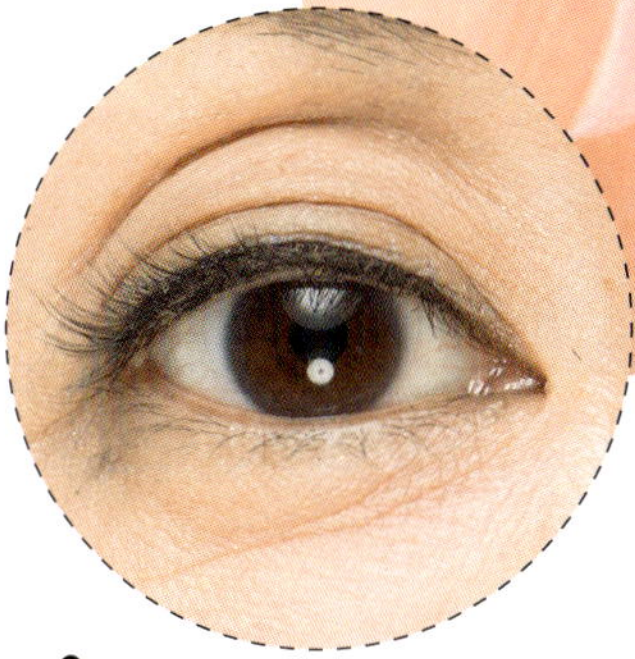

つけまつげをカットして、目尻にだけ使用。少し長さを出してあげるだけで、グッと女性らしさが出ます。

column 目もと用のベースもあります！

目もと用のベースを使うことで、くすみや乾燥をケアし、アイカラーのフィット感、発色がアップ。くずれにくい目もとをつくります。

くすみをリセットして発色、持ちをサポート

美容液成分配合。シワっぽいまぶたにもなじみやすい。ルナソル アイリッドベース（N）01 ¥2800（カネボウ化粧品）

うるおいのあるしっとり感触

アイカラーのヨレを防ぎ、発色を鮮やかにサポート。キャンメイク アイシャドウベース PP ¥500（井田ラボラトリーズ）

悩み4

「まぶたがくすんで、色が沈む」人は、ベージュカラーを単色使い

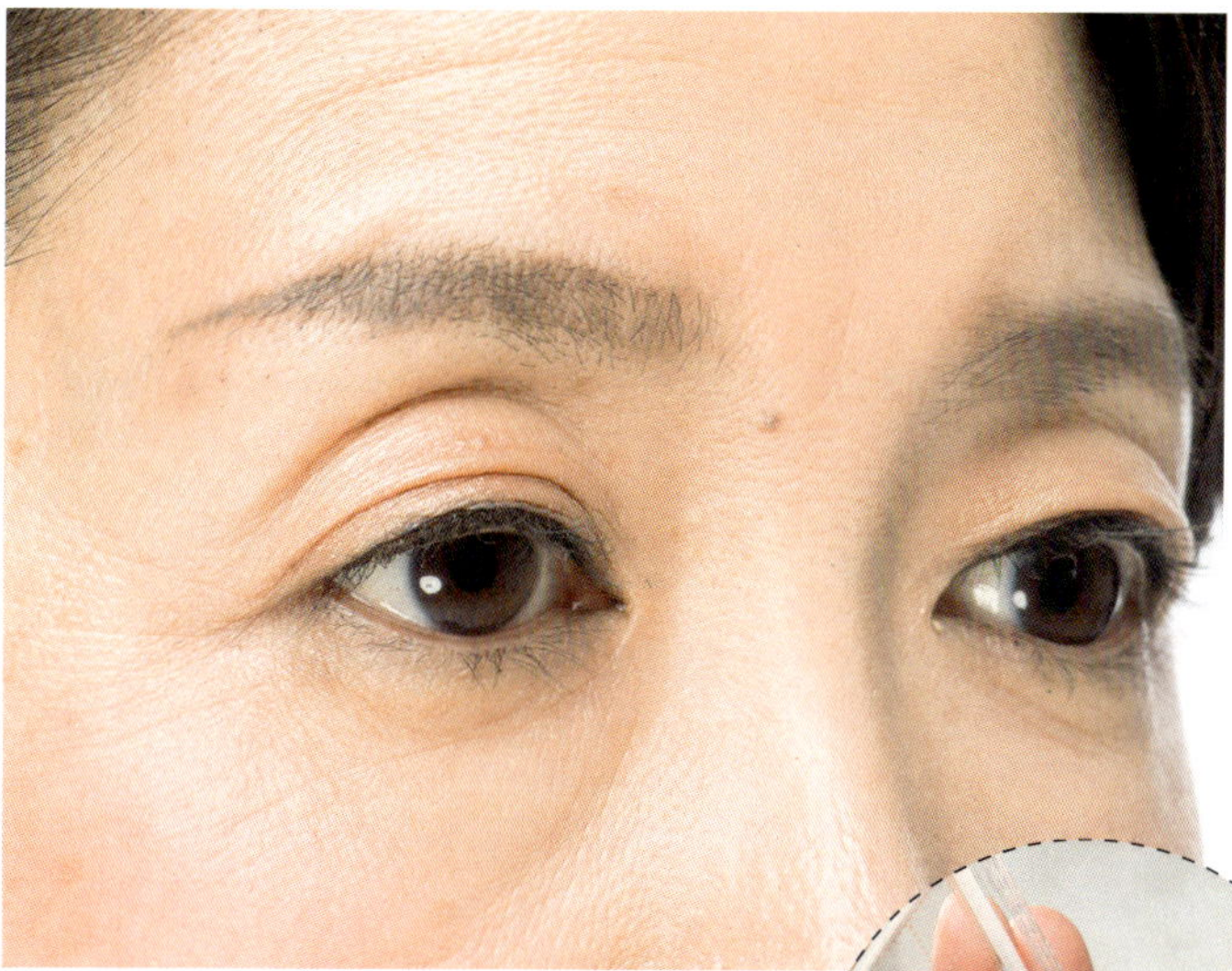

色を重ねると沈んで見えてしまうので、肌なじみのよいベージュカラーを単色使用。目もとが明るくなり、くすみをカバーできます。

明るく、肌なじみのよいベージュカラーがくすみカバーに役立つ。

STEP 10 Lip

リップ

"老け唇"をふっくらツヤやかに変える！

50代は……

唇がくすみ、ボリュームがダウン。
乾燥によってシワっぽくなり、
年齢より老けて見えることも……

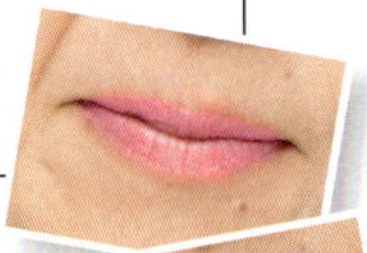

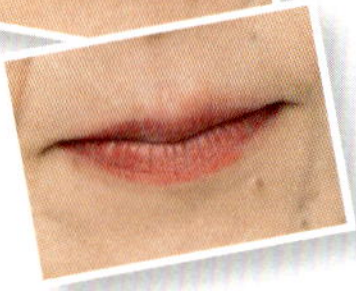

若い頃には似合っていた青みピンク。でも、50代の顔には若づくりに見えてしまうだけ。

マットすぎるリップは、シワを強調してしまうので、50代はパス！

正解

あいまいな輪郭をリップライナーで復活させ、高保湿リップでツヤやかに

50代にはベージュやコーラル系が似合う

マットリップ

★ 肌なじみがよく、血色感のあるツヤやかな美唇に。カネボウ モイスチャールージュ 01 ￥3500（カネボウインターナショナルDiv.）

うるおいが続き、ふっくらボリュームアップ。ヴィセ リシェ クリーミーリップスティック PK803 ￥1500（編集部調べ／コーセー）

リップライナー

★ なめらかな描き心地で、にじみのない、くっきりとした輪郭が描けます。キスミー フェルム リップライナー 01 ￥600（KISSME（伊勢半））

食事をしても落ちにくく、にじみにも強い。スリムタイプで携帯にも便利です。カラーステイ リップライナー 101 ￥1200（レブロン）

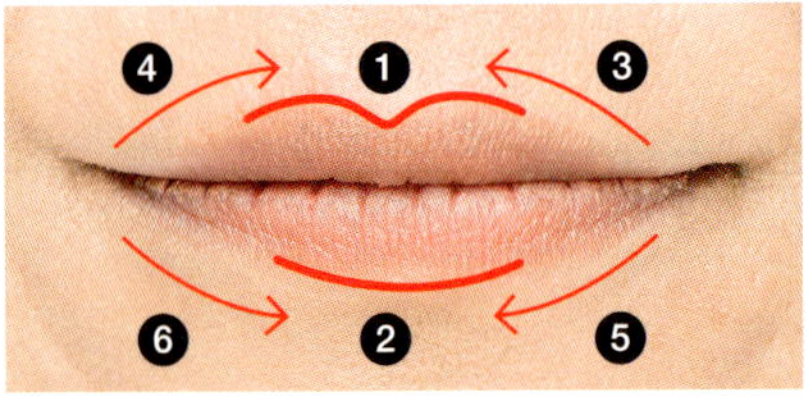

形の良い唇をつくるリップの描き順

50代の唇はボリュームがダウンし、輪郭もあいまいに……。まずはリップライナーで輪郭を取り、形を整えます。山の部分から描き始め、口角からのラインとつなぎます。

90%メイク
▼
STEP7 アイライン
▼
STEP8 アイカラー
▼
STEP9 マスカラ
▼
STEP10 リップ

1 最初に描くのは山の部分

リップメイクは、ベージュやコーラル系のピンクのリップライナーで輪郭を取ることからスタート。まず、上の山の部分を描きます。

美しい唇は女性らしさを表し、華やかな雰囲気をつくる

メイクの最後はリップ。これで100%の仕上がりになります。問題は色選び。華やかに見せようと鮮やかな色を選びがちですが、唇だけが浮いて見えてしまってはダメ。

普段使いなら、肌なじみのよいベージュやコーラル系のピンクがオススメです。保湿力が高く、ツヤのあるタイプを選ぶと、ふっくらと若々しい唇に。唇のシワも目立たなくなります。

プラス
テクニック

Lip

口角の下がりやくすみをさらにカバー！ 無敵の美唇をつくるリップテクニック

もうひとワザプラスすれば さらに完成度がアップ

さらに完成度を上げたい人にオススメしたいのが、ファンデーションやコンシーラーを使ったカバーテクニック。唇に薄くファンデーションやコンシーラーを塗り、くすみを消すと、色がにごらずキレイに発色します。また口角が下がっている人は、下がった唇の輪郭をコンシーラーで消し、形を整えて。ちょっとしたテクニックですが、覚えておくと仕上がりに差がつきます。

悩み1

唇がくすんでキレイに発色しない人は
ファンデーションやコンシーラーで
ベースをつくる

くすみが強い人は、口紅を塗る前にファンデーションやコンシーラーを薄くなじませます。唇の色に影響されず、鮮やかに発色します。

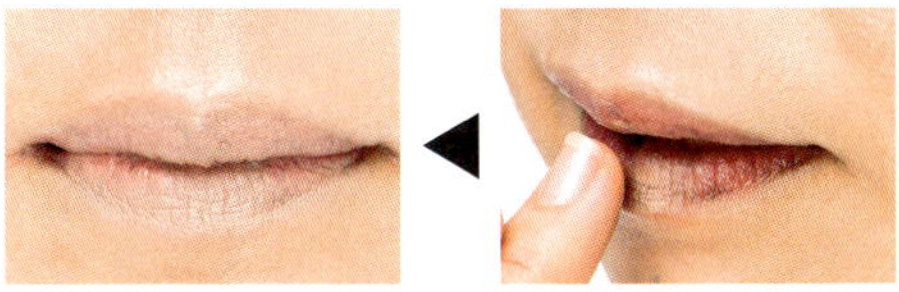

悩み2

口角が下がっている人は
コンシーラーで
ラインを補正

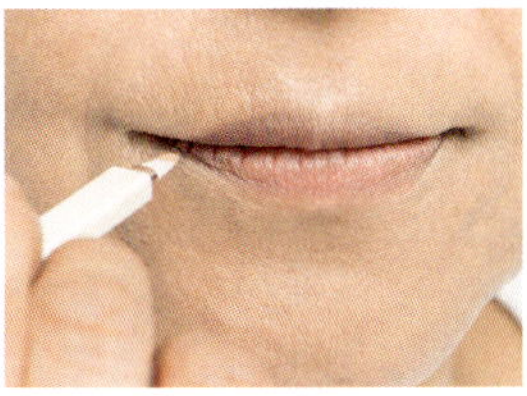

口角の下がりは老け印象のもと。下がっているラインをコンシーラーで消して、形を整えてから、リップライナーで輪郭を取ります。

2 下の中央部分を描く

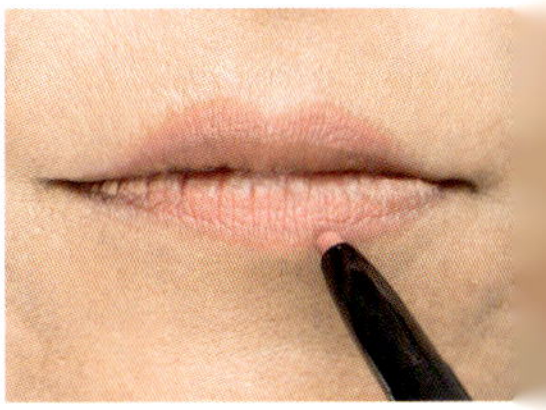

上の山を描いたら、次は下へ。中央部分の輪郭を描き、くっきりとさせます。

3 口角から山につなぐ

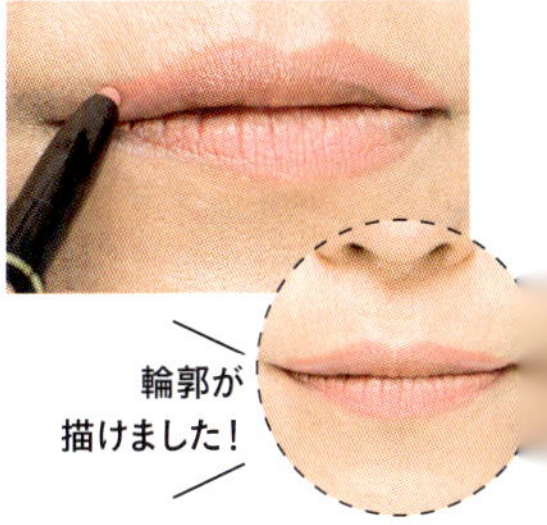

左右の口角から最初に描いた山の部分にラインをつなげます。下も同様に。

4 リップライナーで唇を塗る

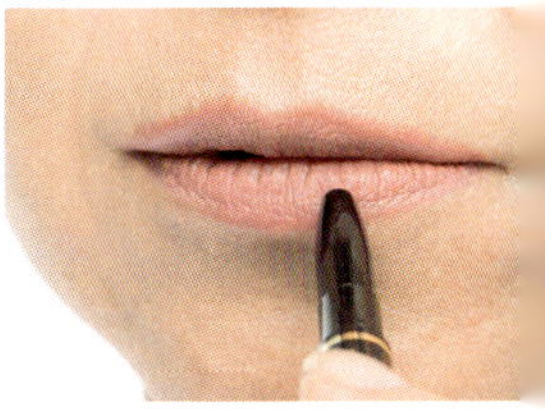

そのままリップライナーで唇を塗ります。口紅のベースとなり、発色と持ちがアップ。

5 上から口紅を塗る

口紅を上から重ねます。リップライナーで輪郭を取っているので、にじまず､ふっくら仕上がります。

Finish!

女性らしさが際立ち、
華やかな雰囲気に！

Before

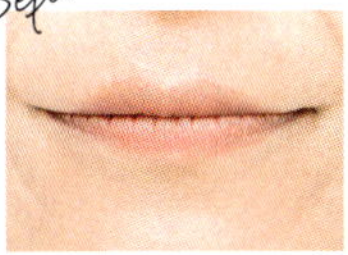

シワが目立ち、ボリュームがなく、しぼんだような印象。

After

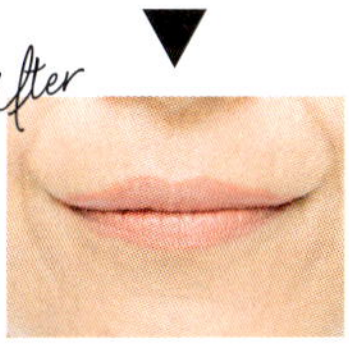

唇の形が整い、明るく華やかに。ふっくらハリのある印象に。

肌なじみのいいナチュラルカラーのリップで、表情もやさしく、上品さが際立ちます。

仕上がりは次のページへ

がんばりすぎていない、ナチュラルな美しさが決め手！

50代が輝く100%メイク

ベースメイクとチーク＋眉で 90%、そしてアイメイクとリップメイクをプラスして 100%に！

オシャレなお店でのランチや仕事の会食など、きちんとした場もこれで大丈夫。

若々しく見えるけれど、決して“若づくり”ではない、自分らしさが輝くメイクです。

Before

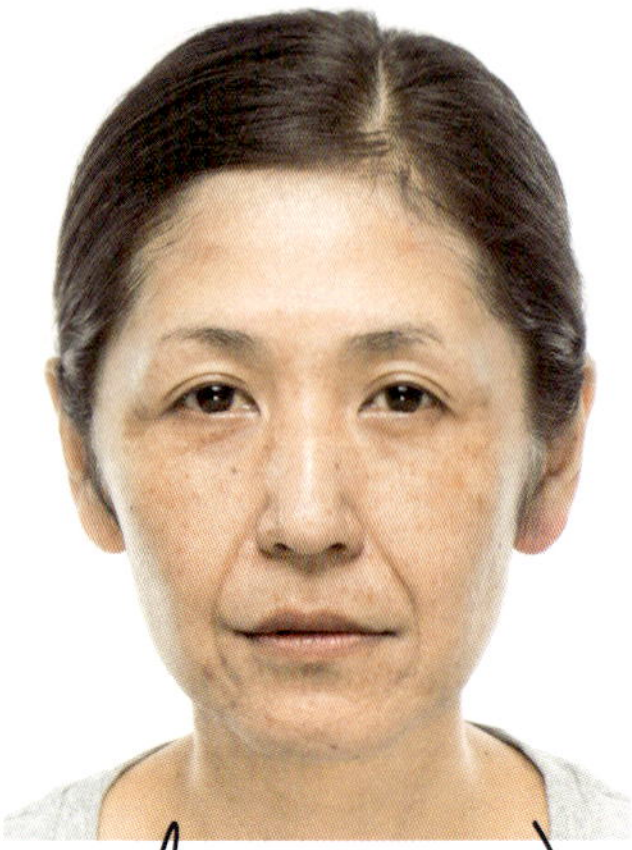

90%

そして…

100%

After

こんなに素敵に!

同窓会や結婚式、特別な おでかけには、さらに華やかに！

120%メイク

100%メイクよりもさらに華やかに装いたいときは、あと 20%プラス。メイクの方法は変えず、少しシャイニーなアイテムを投入します。華やかな雰囲気に悩みはすべてぶっ飛び、心まで晴れやか。

チェンジ&プラスしたものはこちら！

アイライナーはリキッドに変え、濃さとツヤをアップ。モテライナー リキッド Bk ￥1500（フローフシ）

時にはとっておきの1本を。イヴ・サンローラン ルージュ ヴォリュプテ シャイン No43（船津・私物）

ヌーディなツヤベージュをまぶたに。カラーステイ クリーム アイ シャドウ 705 ￥1200（レブロン）

アイホールにはブロンズのゴールド。カラーステイ クリーム アイ シャドウ 710 ￥1200（レブロン）

Tゾーン、あご、目尻横に輝きをプラス。ルナソル ラディアントスティック ￥3000（カネボウ化粧品）

目もとや頬にさりげなく輝きをプラスすることで、エレガントな雰囲気が生まれます。仕上げにラグジュアリーな口紅を塗り、おでかけの気分を高めて！

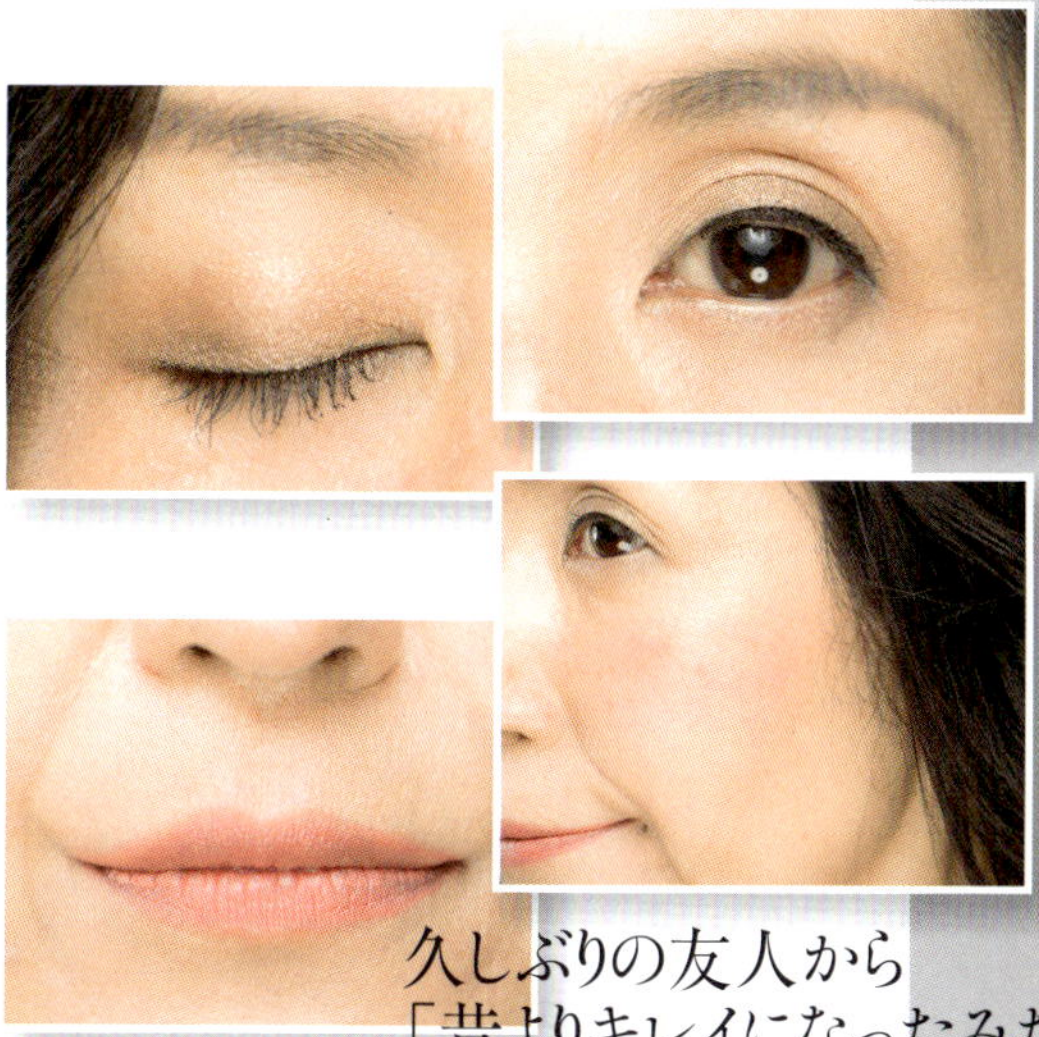

久しぶりの友人から「昔よりキレイになったみたい」「なんでそんなに若いの?」とほめられる、120%メイクの威力！

メイク映えする肌をつくる50代のスキンケア

老け印象の原因となる4大悩み たるみ シワ くすみ シミを撃退する日々のお手入れ

土台となる肌がキレイならば、カバーする手間も減ります。悩みに合わせたケアを毎日続け、メイク映えする肌へ！

しのびよる老化のサインを CHECK!

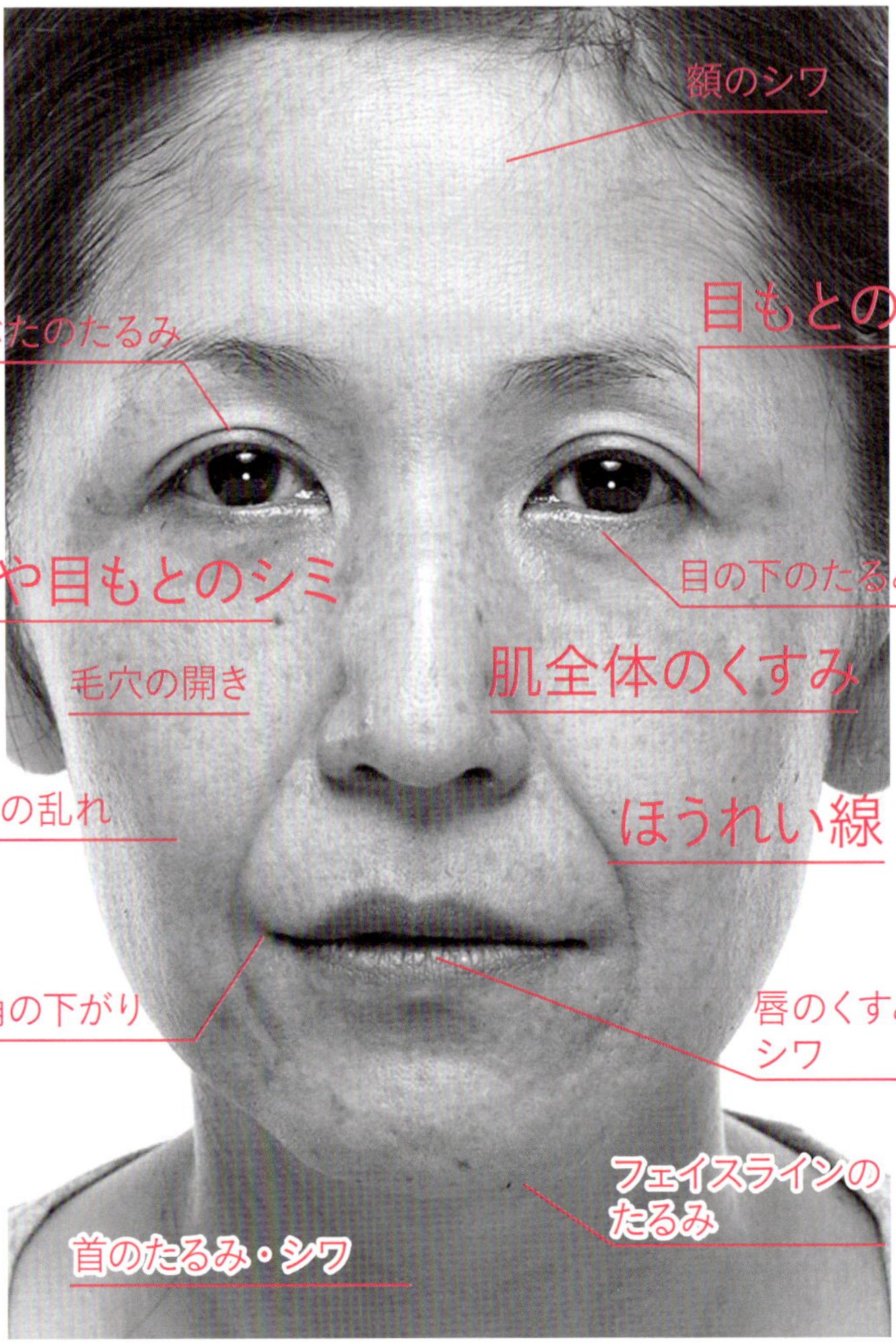

若いときは、シミひとつなく、透明感やハリがあった肌も、だんだんとくすみ、たるみやシワが気になってきます。年を取ることは止められませんが、毎日のスキンケアによって、老化のスピードを遅くすることはできます。

肌が衰える原因はひとつじゃありません！

乾燥	紫外線	ストレス	お手入れ不足

＋

加齢

肌の大敵は乾燥と紫外線。さらにストレスや偏った食事、睡眠不足など生活スタイルの影響も受けます。なのに「忙しい」や「面倒くさい」を理由に、お手入れが不十分だと、たちまち老化が加速します。

＝

形状が変化　**たるみ・シワ**

色が変化　**くすみ・シミ**

が発生！

美しい肌は一日にして成らず！日々積み重ねるケアが大事

船津流メイクの特徴は、ベースメイクをとてもていねいに仕上げることです。その理由は、老けて見えるか、若く見えるかの命運は、肌にかかっているからです。年齢を重ねれば、誰しも肌の悩みが増えるもの。メイクでそれらの悩みをカバーし、〝ぶっ飛ばす〟ことは可能ですが、土台となる肌に悩みが少なければ少ないほど、カバーする必要はなくなります。ただし、スキンケアは一夜にして、劇的な変化は起こりません。悩みに合わせたケアを毎日続けることによって、5年後、10年後の大きな差になります。

スキンケアの基本は保湿と紫外線対策。朝晩、たっぷりうるおいを与え、日中は乾燥と紫外線から肌を守ることです。老化の4大悩みである「たるみ・シワ・くすみ・シミ」の問題も、そのほとんどに肌の乾燥と紫外線によるダメージが関わっています。

毎日、「なんとなく」お手入れを続けるのではなく、目的を持って、明日のキレイにつながるお手入れをしましょう。

50代の形状変化問題

たるみ・シワの原因とお手入れ

肌を底上げして、ハリをアップ！
乾燥、紫外線対策も忘れずに

若い肌と50代の肌。いちばん違うのは、肌のハリではないでしょうか？　若い肌にはピンとしたハリがあり、指で触ると跳ね返すような弾力があります。ハリがある肌は、肌表面がなめらかで、毛穴も目立ちません。また、自然なツヤがあるので、ハイライトなどを使わなくても、立体的なメリハリをつくっているのです。

でも、残念ながら肌は年齢とともに衰える運命。代謝が落ち、肌が生まれ変わるサイクルである、ターンオーバーが乱れ、乾燥や紫外線から肌を守るためのバリア機能が低下します。

たるみやシワは、形状の変化。肌の機能が低下することで、ハリがなくなり、フェイスラインがたるみます。まぶたが重く瞳にかぶさるようになり、口角が下がり、目もとや口もとにはシワが刻まれ、ほうれい線がくっきりと目立つようになります。肌がたるむことで、毛穴が流れたように形が変形して目立ち、ファンデーションだけでは、カバーがしにくくなってきます。

肌は層状の構造をしており、外側から「表皮」「真皮」「皮

たるみ肌に喝を入れるパワフル美容液

フェイスラインがもたつき、ハリがなくしぼんだ肌は、
年齢を感じさせ、メイクやオシャレする気分もダウン……。
たるみの原因にしっかりアプローチするお手入れで、底上げ開始！

肌をうるおいで満たし、ふっくらハリ肌へ。ソフィーナ リフトプロフェッショナル ハリ美容液 EX 40g ￥5500（編集部調べ／花王）

コラーゲン研究を背景に開発された美容成分を配合。アスタリフト エッセンス デスティニー 30ml ￥6000（富士フイルム）

濃密なとろみが肌のすみずみまで浸透。DEW モイストリフトエッセンス 45g ￥5800（編集部調べ／カネボウ化粧品）※2018年10月16日発売

下組織」となっています。肌のハリに大きく関係するのは、肌の組織の大部分を占める「真皮」にある、繊維状のたんぱく質である「コラーゲン」と「エラスチン」、そして水分を抱える働きのある「ヒアルロン酸」。これらの働きによって、肌の弾力がつくられています。

しかし、年齢とともに「コラーゲン」や「エラスチン」は変性し、産生されにくくなり、「ヒアルロン酸」も減少します。また紫外線は「コラーゲン」や「エラスチン」を分解してしまいます。**紫外線対策をおろそかにしているとダメージが蓄積し、たるみやシワの原因となります。**

毎日のお手入れでは、スキンケアの基本である、保湿、そして紫外線対策を徹底し、さらにシワやたるみの原因にアプローチし、ハリを取り戻すケアをプラス。

近年、「シワの改善」の効果が認められ、厚生労働省から認可された美容液やクリームが発売され、注目を集めています。「もう年だから……」なんてあきらめるよりも、お手入れした者勝ち！　の時代です。積極的にいろいろ試して、ハリのある肌を取り戻しましょう。

「シワ改善」が認められたケアアイテムを味方に！

ファンデーションやアイカラーのパウダーが溝にたまって、
メイクする気分をダウンさせるシワ。でもあきらめないで！
「シワ改善」効果が認められた美容液やクリームが続々登場中。

シワ改善有効成分「リンクルナイアシン」を配合。コスメデコルテ iP.Shot アドバンスト 20g ￥10000 <医薬部外品>（コスメデコルテ）

シワの原因に働きかける日本初承認のシワ改善薬用美容液。リンクルショット メディカル セラム 20g ￥13500<医薬部外品>（ポーラ）

純粋レチノール配合のシワ改善クリーム。エリクシール美容濃密リンクルクリーム 15 g ￥5800<医薬部外品>（編集部調べ／資生堂）

シワの部分はのばして

スキンケアアイテムをしっかりなじませる！

ほうれい線

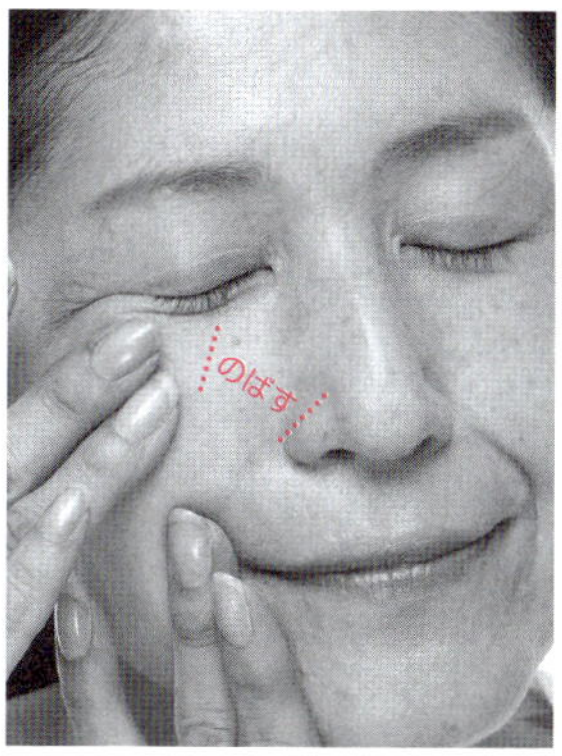

頬がたるんでできる、ほうれい線。頬を上に少しひっぱり、溝の部分もケアします。うるおいで肌がふっくらすると目立ちにくくなります。

目もと

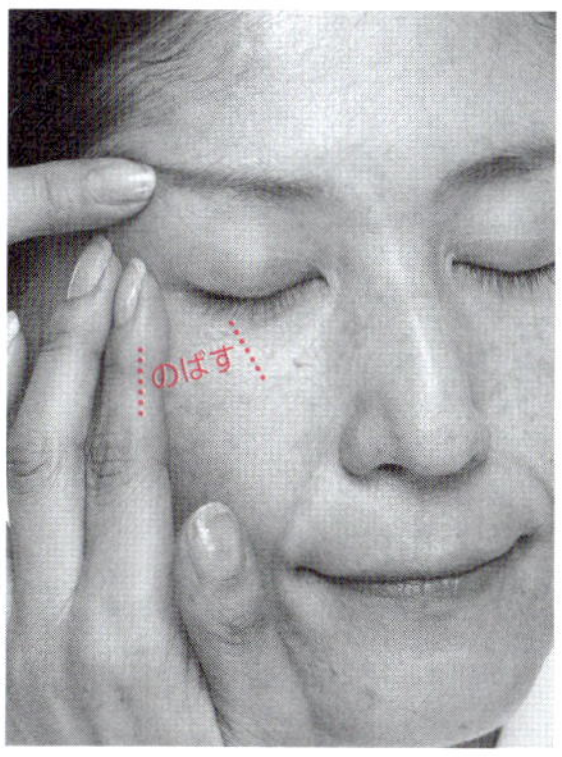

表情でよく動かし、乾燥しやすい目もとはシワの多発地帯。まぶたを上にひっぱり、シワ部分をのばして美容液やクリームをなじませます。

50代の色変化問題

シミ・くすみの原因とお手入れ

シミは濃くしない、増やさない！
美白＋保湿のお手入れで透明感を

年齢を重ね、肌の機能が衰えてくると、肌はくすみやすくなり、シミがポツポツと現れます。シミはひとつあるだけで年齢を感じさせるために、カバーしようとファンデーションが厚塗りになりがち。くすみを気にして、白いファンデーションを選んで、白塗り顔になっている人も50代には少なくありません。

そのいちばんの原因は、なんといっても紫外線。紫外線を浴びると肌が過剰にメラニンを生成します。しかし、肌には、ターンオーバーという機能が備わっており、紫外線を浴びて過剰にメラニンが生成されても、ターンオーバーの機能が正常に働けば、メラニンは古い角質とともに排出され、シミの出現を防ぐことができます。でも残念ながら、ターンオーバーの機能は年齢とともに低下します。メラニンを含む古い角質が肌に残り、肌はくすみ、シミもできやすくなります。

シミの原因となるメラニンの生成にアプローチ

国で認められた美白有効成分配合の美容液やクリームを選び、
できてしまったシミだけでなく、未来のシミもケア。

美白有効成分が肌に働きかけ、シミの生成連鎖を止める。HAKU メラノフォーカスV 45g ￥10000 <医薬部外品>（編集部調べ／資生堂）

狙ったところに集中的に効く。ソフィーナ ホワイトプロフェッショナル 集中美白スティックET ￥4000 <医薬部外品>（編集部調べ／花王）

シミのもとを無色化し、クリアな肌へと導きます。ONE BY KOSÉ メラノショット ホワイト 40ml ￥5300 <医薬部外品>（編集部調べ／コーセー）

古い角質を取り除き、肌を曇らせるくすみを一掃！

不健康そうに見える肌のくすみ。古い角質を取り除き、
たっぷり保湿するお手入れが大切です。

美白有効成分コウジ酸をすばやく届け、均一に澄んだ肌へ。ホワイトロジスト ブライト エクスプレス 40ml ￥15000<医薬部外品>（コスメデコルテ）

肌曇りもシミも、晴れやかに。SK-II ジェノプティクス オーラ エッセンス 30ml ￥16000<医薬部外品>（編集部調べ／SK-II）

ターンオーバーのリズムに着目し、クリアな肌に導く角質ケア美容液。ターンアラウンド セラム AR 30ml ￥5200（クリニーク）

冷えなどによる血流の滞り、乾燥なども肌をくすませる原因に。ホルモンバランスの乱れや、肌の傷やニキビ跡、さらには摩擦による色素沈着などがシミになることもあります。さらに、メラニンは肌に蓄積されるため、5年後、10年後にシミになって肌の表面に出現することも。毎日のお手入れをきちんと続けることが未来のキレイにつながります。

シミにはメラニンの生成に働きかける美白有効成分を配合した、薬用の美白ケアアイテムで集中的にケアを。くすみには、美白のアプローチとともに、古い角質をきちんと取り除くことがポイントになります。メイクした日はクレンジングをきちんと行い、朝晩の洗顔や拭き取り化粧水を使って、毛穴に詰まった汚れや古い角質をオフ。マッサージなどによって、血流を促すお手入れも有効です。

そして、スキンケアの基本である保湿は抜かりなく。うるおっている肌は美白成分も浸透しやすくなり、効果をサポートします。さらに忘れてはいけないのが日中の紫外線対策。紫外線は1年を通じて降り注いでおり、夏だけケアすればいいというものではありません。シミやくすみの気になる人は、紫外線を防ぐ働きのある化粧下地やファンデーションを選ぶようにしましょう。

くすみの原因となる古い角質もオフ！

クレンジング&洗顔はスキンケアの基本

メイクが残っていると肌への刺激になったり、色素沈着の原因にも。メイクをした日は必ずクレンジングを行い、メイクの汚れ、ほこり、余分な皮脂、古い角質をきちんとオフ。清潔なすっぴん肌に整えることで、次に使うスキンケアが浸透しやすくなります。

アイメイクした目もとは……

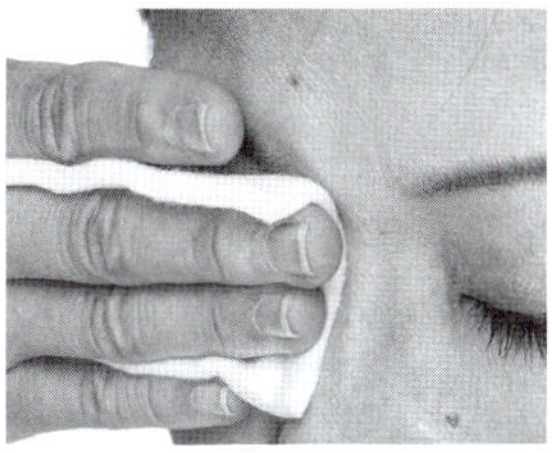

1

コットンにクレンジングを浸し、目もとにあて、しばらくおいてなじませてからオフ。肌を傷めるのでゴシゴシこするのはNG。

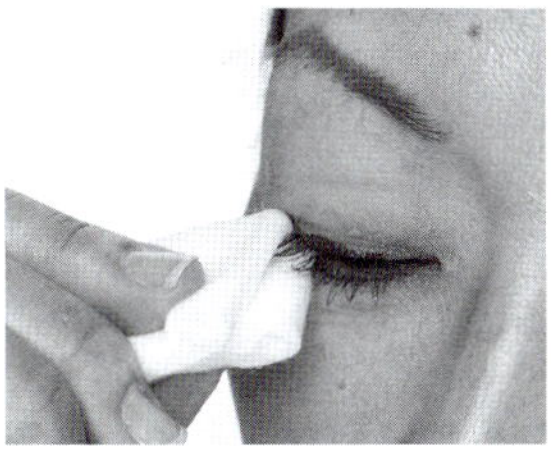

2

目のキワに入れたアイラインやマスカラは、クレンジングを浸したコットンを折って使い、しっかりと落として。

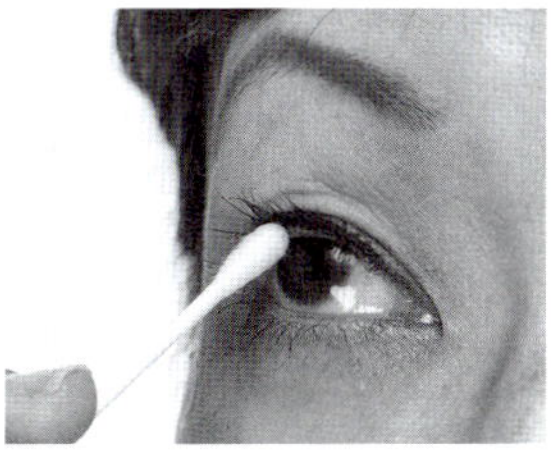

3

それでも落ち切れていないときは綿棒の出番。先の部分にクレンジングを含ませ、拭います。綿棒に色がつかなくなれば終了。

クレンジング

汚れにすばやくなじんでするっと落とします。ビフェスタ クレンジングローション モイスト 300ml ￥1000（マンダム）

美容オイルのようななめらかな感触で、心地良くメイクオフできます。B.A クレンジングクリーム 130g ￥10000（ポーラ）

洗顔

肌本来のうるおいを守り、幅広い世代に愛される洗顔料。ビオレ スキンケア洗顔料 モイスチャー 60g（オープン価格／花王）

古い角質もすっきりと落とす、酵素洗顔パウダー。フィトチューン クリア パウダーウォッシュ 40g ￥3000（コスメデコルテ）

Special Care

メイクの前にもぜひ取り入れたい!

肌の底上げマッサージ

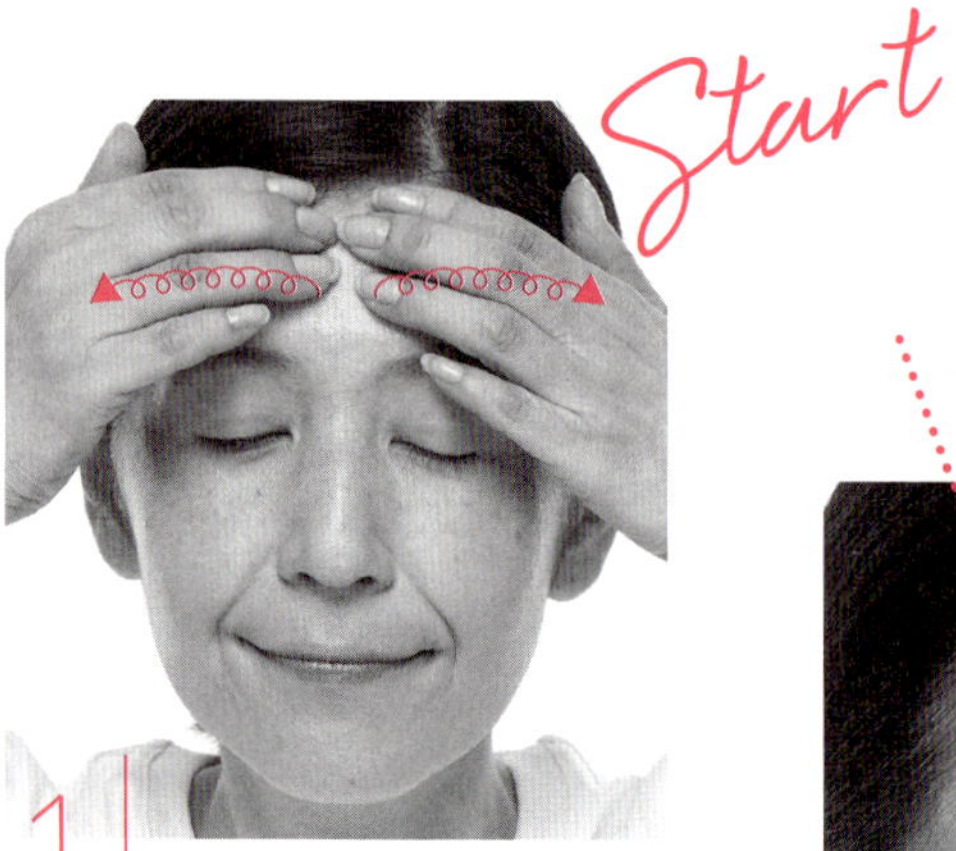

1 額からこめかみ

まずは肌にマッサージクリームを塗ります。額に人さし指、中指、薬指をあて、こめかみに向かって、らせんを描くように動かします。

おすすめマッサージクリーム

マッサージをするときは、必ずマッサージクリームを使いましょう。手がなめらかに滑り、余分な力がかかったり、摩擦を防ぐことができます。

乳酸菌由来の保湿成分を配合。ソフトな感触で肌になじみます。リベシィ マッサージ 100g ¥4500(ヤクルト ビューティエンス)

クレンジングクリームとしても使用できます。イルネージュ リフレッシュマッサージ 150g ¥13000(メナード)

マッサージの手順

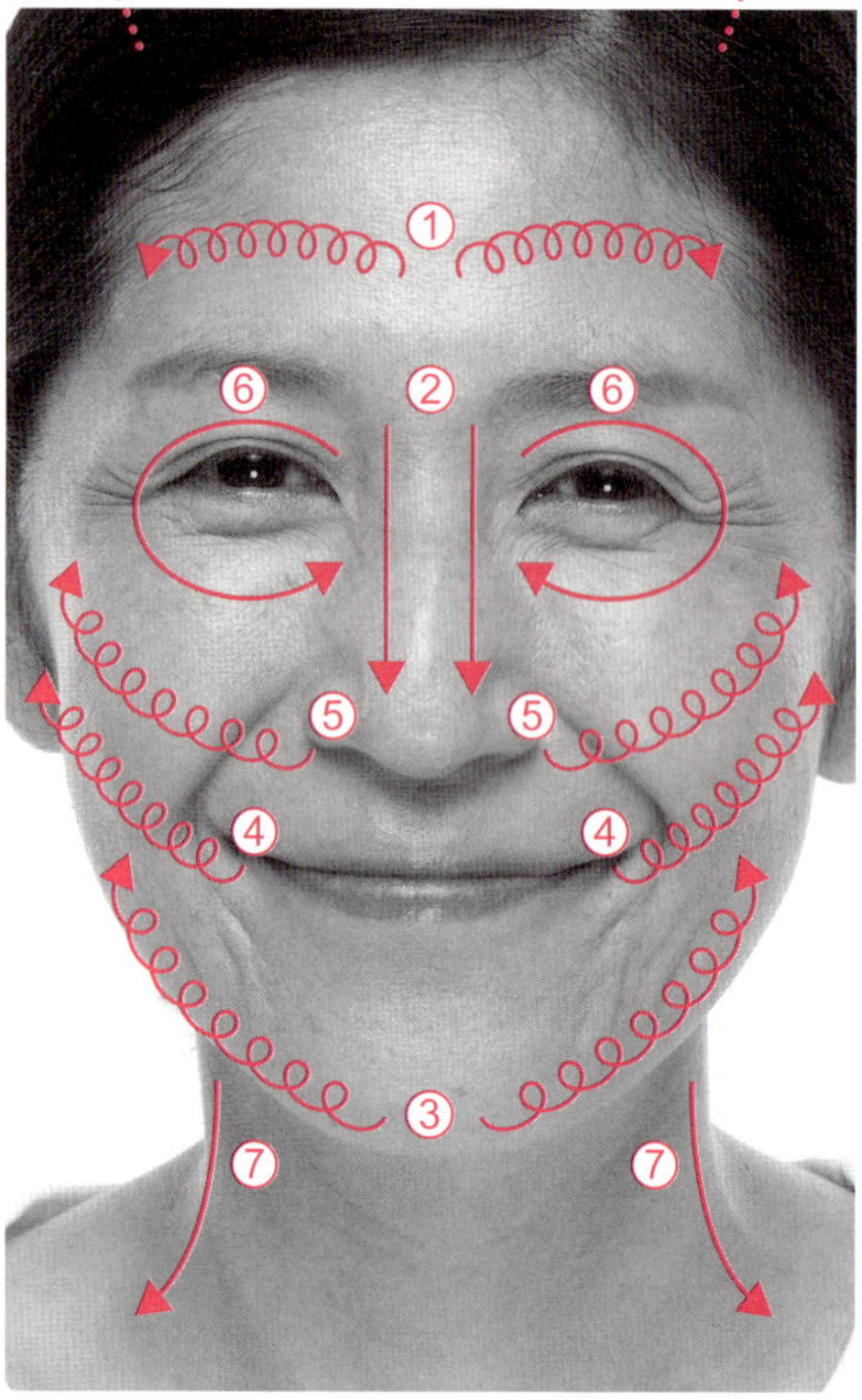

顔の中心から外側に向かって手を動かすのが基本。肌の血流やリンパを流すことで、巡りのよい肌へと導き、たるみやくすみに効果があります。

マッサージはくすみ、たるみの悩みに効果的!

夜、寝る前や朝のメイク前にマッサージをプラスすることで、肌を格段に底上げ。50代には、ぜひ取り入れてほしいお手入れです。

マッサージの目的の第一は、血流やリンパの流れを促し、巡りのよい肌にすること。血流やリンパが滞ると、栄養が送られにくくなり、また余分な水分や老廃物の排出がうまくいかなくなって、代謝も低下します。その結果、乾燥、むくみ、くすみ、シミ、クマなど、さまざまな肌トラブルの原因に。そして、マッサージはたるみ防止にも役立ちます。下がってくるフェイスラインや目もと、口もとをぐいっと引き上げ、ハリをもたらします。

血流が促されることで体温が上がり、スキンケアの浸透もサポート。マッサージするときは、美容成分を配合したクリームを使うとより効果的です。手の滑りがよくなり、肌を摩擦で傷つけることもありません。

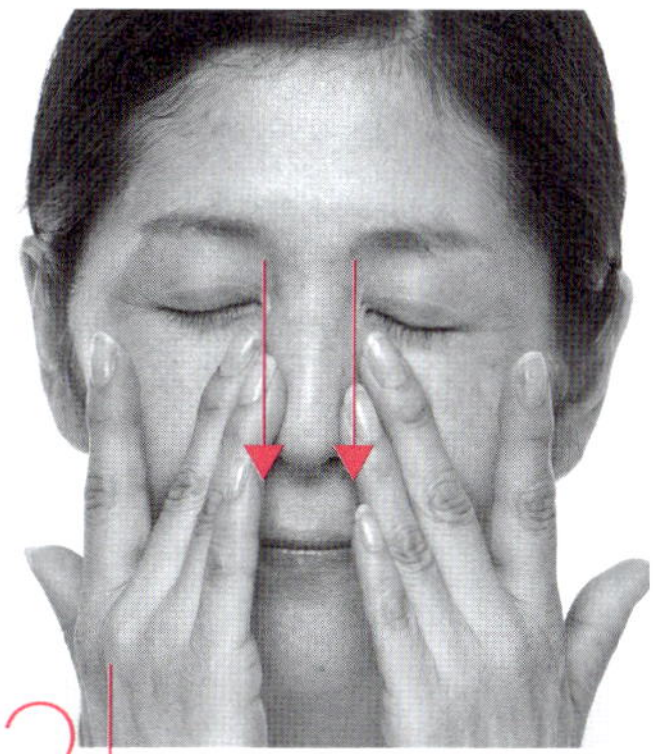

2 目尻から鼻筋

中指と薬指を目頭の部分にあて、鼻筋に沿って、やさしくなでおろします。鼻筋がすっきりとし、目がぱっちりと開きます。

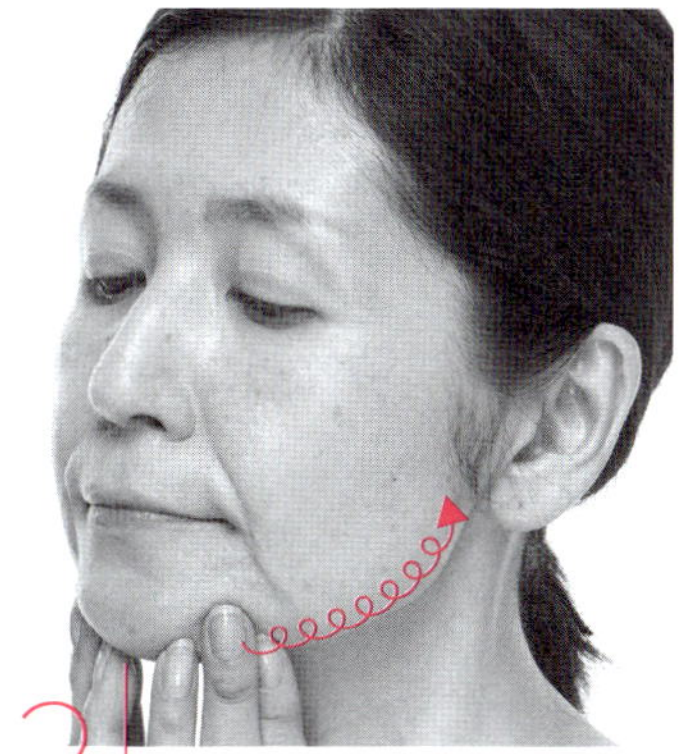

3 あごから耳下へ

フェイスラインを引き上げるマッサージ。あご先に人さし指、中指、薬指の３本をあて、耳下に向かってくるくると指を動かします。

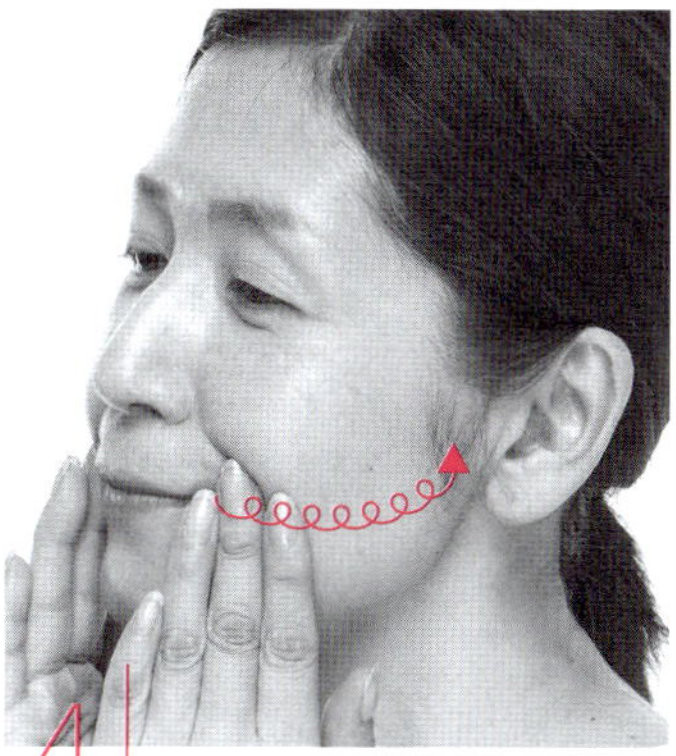

4 口角横から耳横へ

指の位置を上げ、口角の横からスタート。耳横に向かって、くるくると指を動かします。頬のたるみをケアし、ほうれい線を予防。

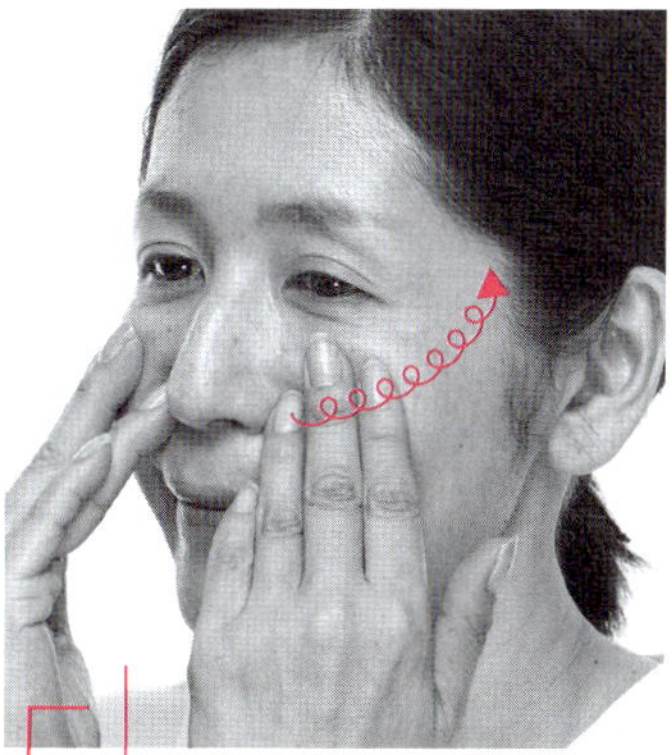

5 小鼻からこめかみへ

さらに指の位置を上げ、今度は小鼻の横から、こめかみに向かってマッサージします。力を入れすぎて、肌をひっぱらないように注意。

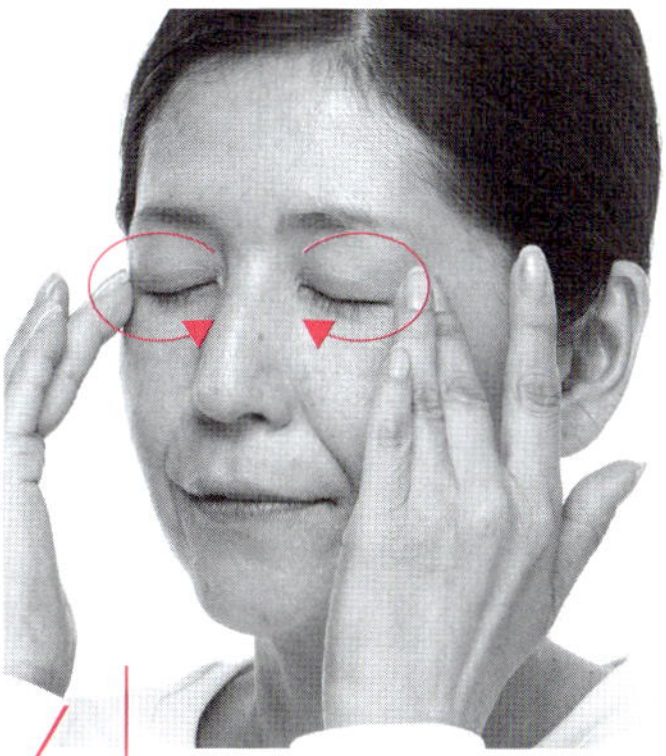

6 目のまわり

中指を使って、目頭を軽く押さえたあと、ぐるりと目のまわりを１周します。スマホやパソコンで酷使した目の疲れも緩和します。

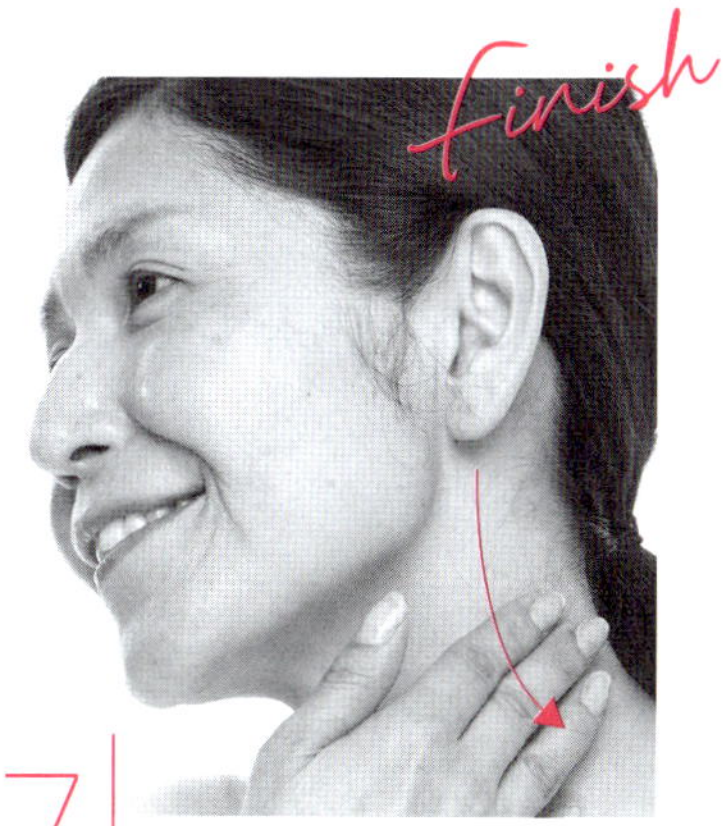

7 首

最後は耳下から首を通って、鎖骨までなでるように手を動かし、流します。余分な水分や老廃物の排出をサポートし、むくみやくすみを解消。

いつものお手入れにマスクも有効

もうひとつ、時間があるときに、ぜひ投入してほしいのが全顔用のシートマスク。肌をしっかり覆うことで、保湿や美容成分をしっかりと入れ込むことができます。特別な機会には、前日やメイク前にマスクを使うとグッとメイクノリがアップします。

乾燥する肌をくまなく集中保湿します。SK-II フェイシャル トリートメント マスク 6枚 ¥10000（編集部調べ／SK-II）

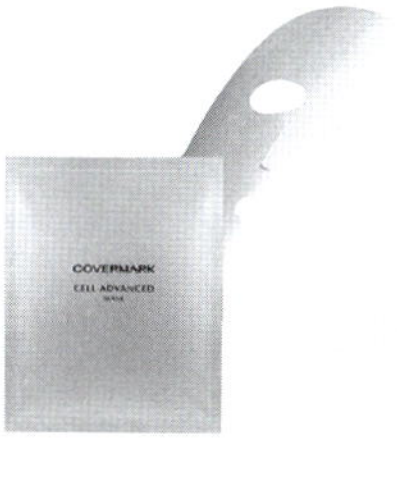

翌朝の洗顔後までハリとうるおいが続き、メイクノリもアップ。セルアドバンスト マスク WR 26ml×6枚入 ¥8000（カバーマーク）

Special Care

年齢の出やすい部分をしっかりとケア！

集中パーツケアのススメ

意識の高さは細部に宿る！手をかければ、肌は必ず応えてくれる

肌が衰えてくると、皮膚の薄い部分や表情や日常の動作でよく動かす部位から、まずヘタリが出ます。目もとはまばたきなどでよく動かすうえに、皮膚が薄くデリケート。乾燥や紫外線の影響を受けやすいため、シワやシミができ、ハリが低下しまぶたがたるみます。同じく唇も薄く乾燥しやすい部位。シワや皮むけなどの荒れ、くすみが気になります。もうひとつ年齢が出やすいのが首。ひねったり、のばしたりと動きが多い部位であり、服に隠れていないことも多いため、紫外線の影響を受けます。顔はお手入れしていても、首まできちんと手をかけている人は少なく、くっきりとしたシワが刻まれてから、あわててお手入れ……となりがちです。

50代はまだ間に合う世代。毎日のお手入れにパーツケアを組み込み、さらに美しさに磨きをかけてみませんか？

首

なめらかな明るい首もとで、印象がマイナス5歳若返る

普段はスキンケアの延長でお手入れ。化粧水や乳液などをそのまま首までしっかりのばし、なじませます。乾燥やシワ、たるみが気になる人は、専用のネックケアアイテムをプラス。

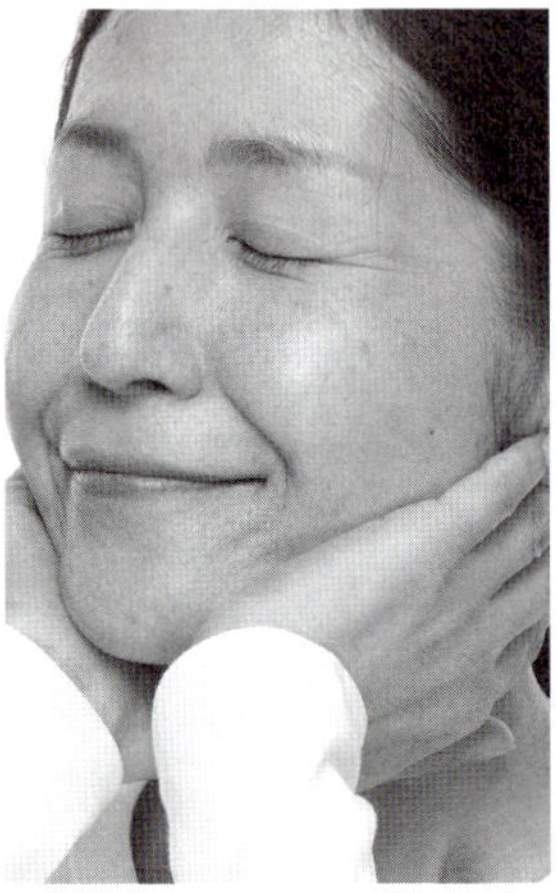

キメを整えハリアップ。資生堂 ベネフィアンス ネックコントア トリートメント コンセントレート 52g ¥4800（資生堂インターナショナル）

肌の弾力をキープしてリフト感を与え、若々しい首もとに導きます。ファーミング EX ネック クリーム 48g ¥9000（クラランス）

目もと

薄くデリケートな部位だからこそ、専用のケアで底上げ！

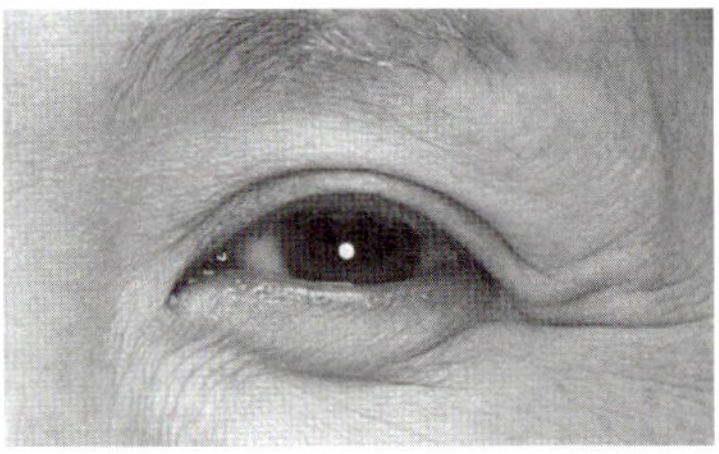

シミ、シワ、たるみとさまざまなエイジングサインが発生。しっかりと保湿をし、衰えた肌の働きをサポートするケアを行いましょう。

うるおいを与えハリ感UP。立体的な若々しい目もとに。B.A アイゾーンクリーム 26g ¥18000（ポーラ）2018年10月発売

目もとをハリラッピング。SK-II R.N.A.パワー アイ クリーム ラディカル ニュー エイジ 15g ¥11000（編集部調べ／SK-II）

唇

薄く乾燥しやすい唇は、保湿を第一に！

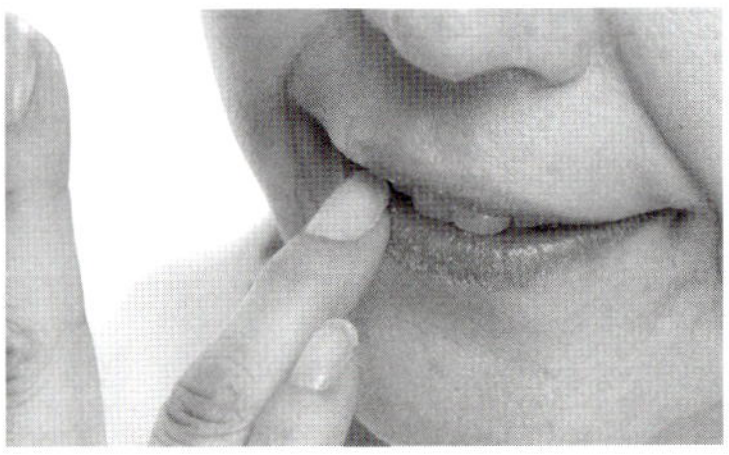

唇は薄く乾燥しやすいため、こまめに保湿ケアを。くすみが気になるときは、唇用のスクラブが◎。明るくなめらかになり、口紅のノリがアップします。

みずみずしいうるおいを与え、紫外線から唇を守ります。ザ・タイムR／リップエッセンス SPF18・PA++ 10g ¥2500（イプサ）

甘いバブルガムの香りの唇用スクラブ。ラッシュ リップスクラブ バブルガムフレーバー 20g ¥1000（ラッシュジャパン）

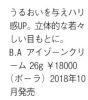

Part 3　Hair styling

「しっかり乾かすだけで髪の悩みの9割は解決します」

髪のボリュームが出なくなった、まとまらず朝のスタイリングが大変、傷んで思うような髪型にできない、といったお悩みの相談をよく受けます。そのたびに、「洗髪後、きちんと乾かしていますか？」と尋ねるのですが、できていない人が多いようです。

実は、たいていの髪の悩みは、夜の洗髪のあとにドライヤーでしっかり乾かせば解決してしまうのです。年齢を重ねると、誰でも髪にうねりやクセが出やすくなるのですが、きちんと乾かすことで、うねりを取って、ぺちゃんこになりがちな大人の髪をふんわりさせることができます。

さらに、ちゃんと乾かすと髪の傷みも防げるので扱いやすい髪になっていきます。濡れた髪はキューティクルが開いた状態で、刺激に弱く、枕で擦れて切れ毛や枝毛になりやすくなります。ドライヤーで乾かしてから眠ることで、それも防げるのです。

「ドライヤーをかけると髪が傷む」と思う人もいるかもしれませんが、生乾きのままのほうがよっぽど髪には悪い。自然乾燥では髪のクセやうねりが出てしまい、生活に疲れたような印象を与えてしまいます。

眠る前のひと手間、騙されたと思ってドライヤーでのヘアドライ、試してみてください。

正しい髪の乾かし方は
72ページから

ぺたんこ・うねりヘアさんの場合

正しく乾かしたら……

このままでも good!

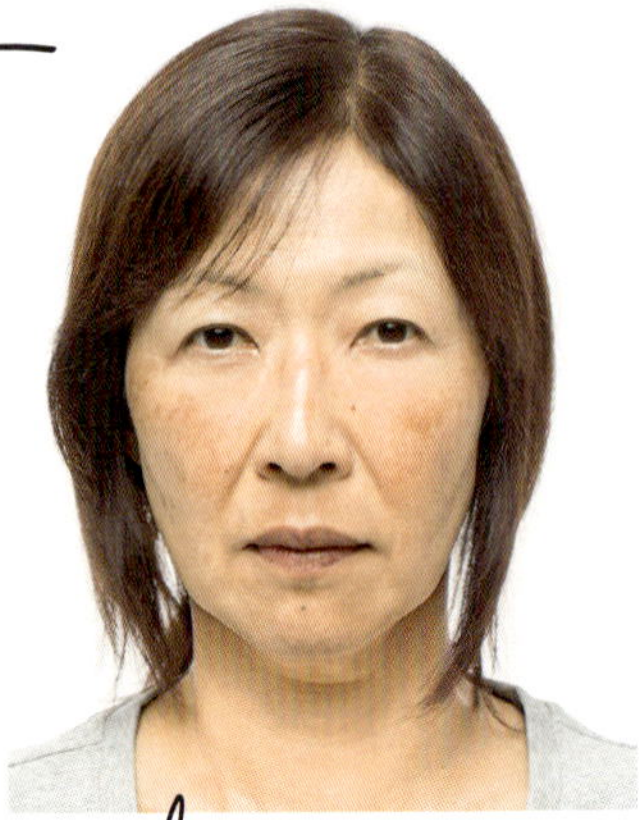

Before

髪にコシがなくボリュームが出ないのが悩み。分け目がくっきり出ていて、サイドもぺったりしているので、疲れて老けた印象を与えてしまいます。

After

髪の根元がふんわりと立ち上がり、グッと若返った印象に。前髪の分け目を曖昧にして立ち上げるだけで別人のように変身。サイドのボリュームもアップ。

髪の根元を立ち上げるように乾かすと若見えします

濡れた髪を乾かすときに、とにかく髪の根元を立ち上げることが一番大切です。ドライヤーは毛先ではなく、髪の根元にあてて、しっかり乾かしましょう。半乾きのままだと、せっかくボリュームアップしても、また潰れてしまいます。完全に乾かすことで髪のツヤも生まれて、イキイキとした印象がプラスされます。さみしげな印象を与えがちな卵型の顔の方は、サイドの髪もしっかりボリュームアップすることでやわらかな印象になります。分け目はずっと同じ位置だと、その部分が薄く見えがちです。ときどき変えるのもオススメです。

スプレーと指先テクでアレンジ

毛先に動きを与えればグッと華やかに！
夜のお食事にもぴったりです

アレンジすれば
さらに華やか

Arrange

ドライヤードライ後、ボリュームが欲しい部分の髪を持ち上げ、下から軽くスプレーを。上からかけるのは潰れてしまうのでNG。顔まわりの髪の毛先を指でつまむように動かして髪が立体的になるようにクセづけします。スプレーが髪についているのでふわっとした形で固定されます。

ココが
point

サイドがふんわりするように髪を持ち上げ、下からスプレーして固定。動きの欲しいところにスプレーして、そのまま指先で髪を散らして毛先に動きを出します。

SIDE

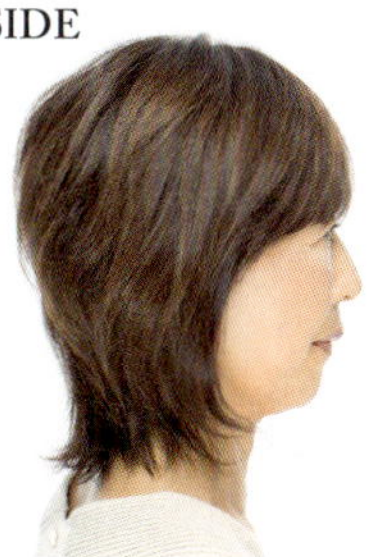

BACK

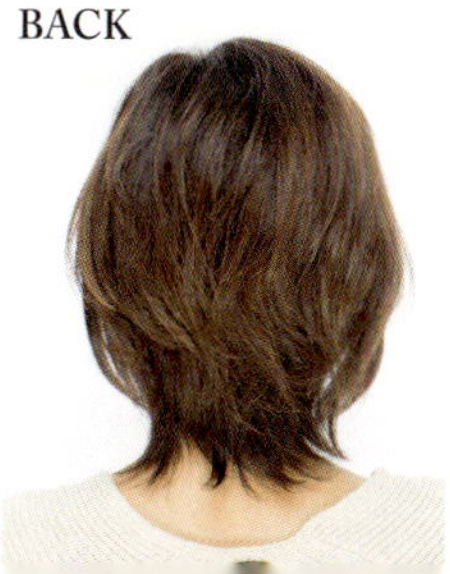

湿度に強くヘアスタイルが長時間長持ち。ケープ3Dエクストラキープ　無香料　オープン価格（花王）

ゴワつく硬いヘアさんの場合

正しく乾かしたら……

このままでも good!

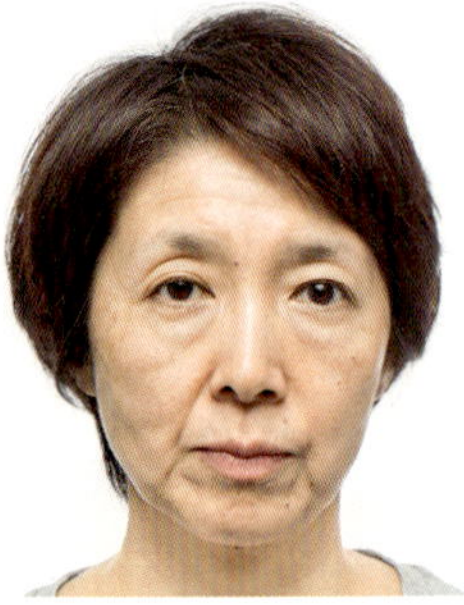

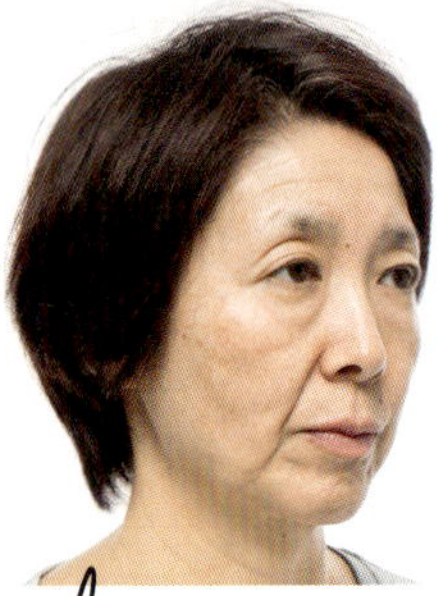

Before

硬い髪をざっと乾かしたので、まっすぐでふんわり感がなく、アカ抜けない印象。横から見ると後頭部がぺったりとしてオシャレ感がない残念な感じに……。

After

シンプルながらもきちんとした印象にチェンジ！　欲しいところにボリュームが出て、いらないところはおさえられました。耳を出してサイドはすっきり、トップはふんわりの好バランスに。

硬い髪の人は乾かしてふわ見せを

髪のボリュームがあり、硬めの髪質の人は、そのまま乾かすとニュアンスのない、味気ない感じになってしまいます。特に、ショートヘアは髪にふんわり感がないとボーイッシュな印象が強くなってしまうので、トップの部分は、根元から立ち上げるように乾かしてやわらかい、女性らしい雰囲気を出すことが大事です。サイドをすっきりさせればメリハリとニュアンスが出ます。前髪は分け目に指を入れ、横に動かしながら乾かすことで分け目が曖昧になり、髪が豊かに若々しく見えます。

スプレーと手ぐしでアレンジ

硬い髪はスプレー使いで
ふんわりと若々しく見せて

アレンジすれば
さらに華やか

Arrange

前髪を少し下ろしてスプレーを使ってニュアンスづけ。髪にコシがあるので、ふんわり感が出てキレイにまとまっています。ショートヘアの人は頭頂部と前髪のバランスを取るのがオシャレに仕上がるコツ。分け目はできるだけふっくらさせて。

ココが point

1

2

髪をつまみ上げて、その部分に横からスプレー。髪と髪の間に空間ができてふんわりした印象に。後ろも指で髪を持ち上げ、そのままスプレーして浮いた状態を固定させます。

SIDE

BACK

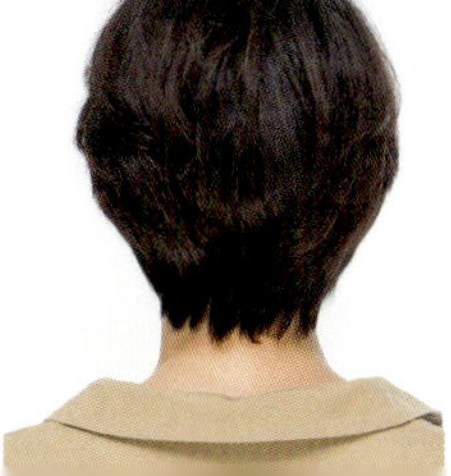

ボサボサ・まとまらないヘアさんの場合

正しく乾かしたら……

このままでも good!

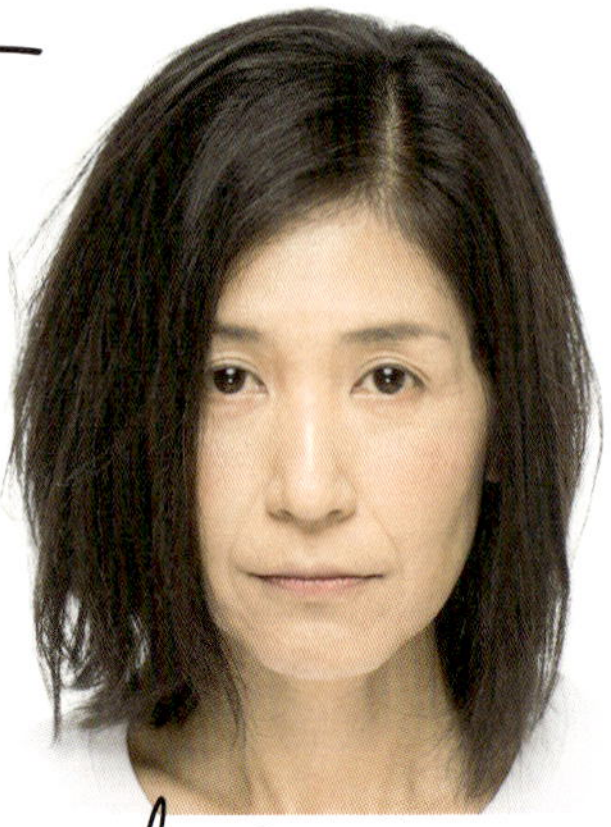

Before

そのまま乾かすと髪がボサボサになって、まとまりが悪く、ブローに時間がかかってしまいます。根元がぺったりしているうえ、うねりもあって扱いづらい。

After

根元を立ち上げることで髪が自然に内側に丸く入って顔に立体感を与え、明るく若々しい印象に。根元のうねりもしっかり乾かせば、気にならずふんわり。

ボサボサ髪こそ、洗髪後のブローで激変

根元にクセがあってうねりが出やすい髪。こういうクセのある髪こそ、洗髪後にしっかり乾かすことが重要です。根元をしっかり立ち上げて乾かすことで、うねりが出にくくなりストレートヘアがつくりやすくなります。ミディアムやロングヘアの人は、その重さで全体がぺったりとしやすくなるので、しっかり乾かしてふんわりを心がけて。髪の重さで時間がたつにつれてぺちゃんこになってしまう人は、内側にスプレーを。髪がまとまるだけで、印象がガラリと変わって、全体的に手入れの行き届いたワンランク上の印象が手に入ります。

ストレートアイロンでアレンジ

手首返しのテクニックで
超簡単にこなれ感が出る

アレンジすれば
さらに華やか

Arrange

髪の縮れが気になるときは、ストレートアイロンがオススメ。根元からまっすぐ下ろすだけで、ハネや寝グセも撃退してくれる頼りになるアイテムです。ついでに毛先を少し巻くだけでグッと華やかにこなれる！

アイロンで毛束を根元から挟んでゆっくり毛先に向かって下ろします。最後に、手首を返して毛先を内側に巻いて。全体に巻くのが難しい場合は、顔まわりの毛を巻くだけでも印象が変わります。

SIDE

BACK

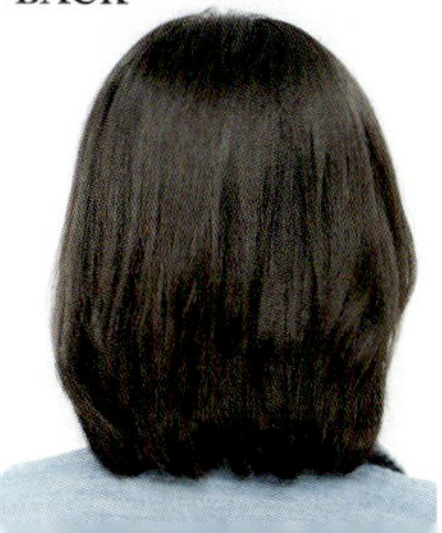

きちんと乾かせば
50代のヘアはボリュームアップ！

Funatsu's Advice

髪がぺしゃんこになる、まとまらずにスタイリングしにくい……。その悩みは洗髪後の「正しい髪の乾かし方」をマスターすれば、ほぼ解決します。ポイントは、髪を触ったときに温かいと感じるまで乾かすこと。一見、乾いているようでも、触ってひんやりと感じるようでは、まだ生乾き。完全に乾いたとは言えません。完全に乾かすと、びっくりするくらい扱いやすい髪になりますよ。「髪質だから」とあきらめないで！

After

Before

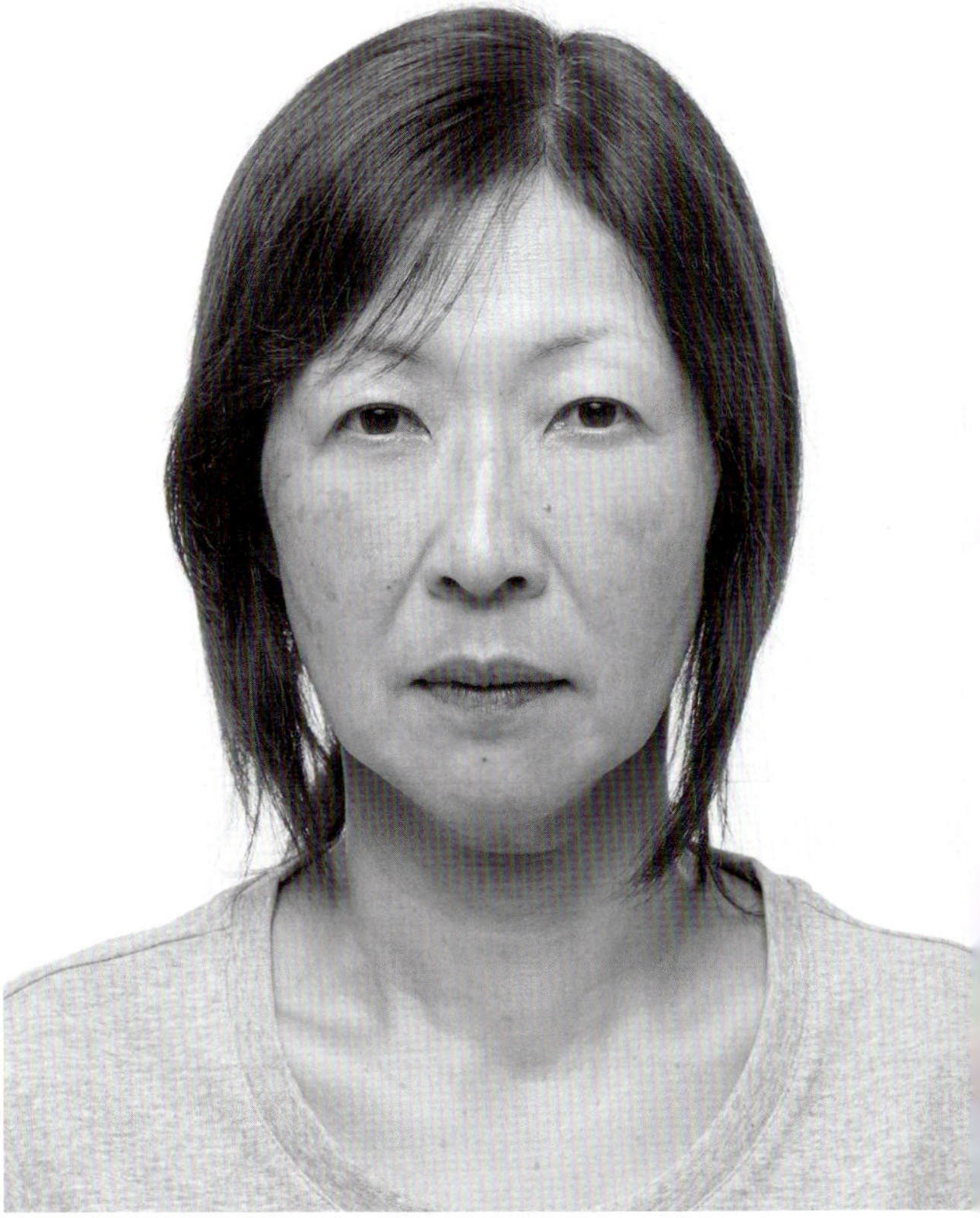

きちんと乾かした場合

きちんと根元を立ち上げて乾かすだけで、ここまでふんわりとまとまります。分け目がはっきりぺったりしていた前髪もしっかり立ち上がって、毛先に少しニュアンスをつけるだけで手間をかけたようなスタイルに。

適当に乾かした場合

髪を洗ったあと、ドライヤーで適当に乾かすとこんな感じ。髪の根元は立ち上がらず、ぺちゃんこになっています。ボリュームダウンしているので毛先を巻いてもふんわりしません。分け目もくっきりして薄毛に見えます。

＼まずはタオルドライ！／

1

正しいタオルドライはまず頭皮を拭く

洗髪後、簡単に水を切り、タオルを濡れた頭にふわりとかぶせます。タオルの上から指の腹を添え、髪ではなく、頭皮を拭くつもりで指を動かして。毛先より髪の根元の水分を取ることを意識しましょう。

2

指の腹を使って頭皮を拭いて

髪の表面をゴシゴシこすると摩擦で髪が傷むだけでなく、髪の根元が乾きません。タオルを指で縦や横に動かして、頭皮をしっかり拭きましょう。後頭部やサイドの髪も同様にしっかりと頭皮の水分を拭き取って。

NG！

ゴシゴシ摩擦は髪を傷める原因に！

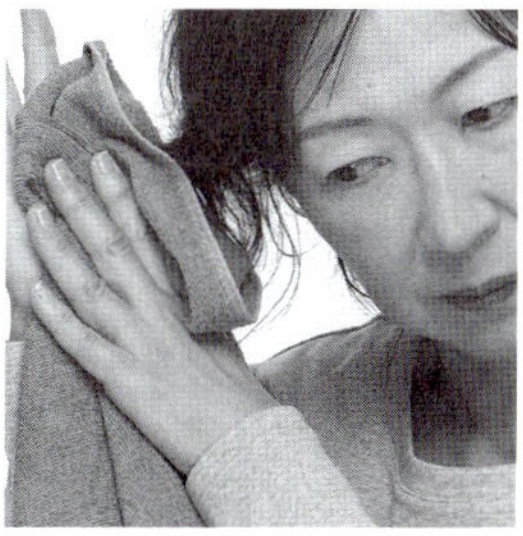

髪を挟んでゴシゴシこすってタオルドライ……。これは摩擦で髪を傷めるので絶対にダメ。毛先の水分を取るときは、タオルで挟んだら軽く叩く程度に。

ドライヤーは髪をケアするものを選んで

美髪のためにはドライヤーはいいものを使いましょう。髪をケアするドライヤーでまとまりやすさアップ。

ヘアードライヤー ナノケア　EH-NA9A
オープン価格（パナソニック）

＼ドライヤーで乾かす！／

3

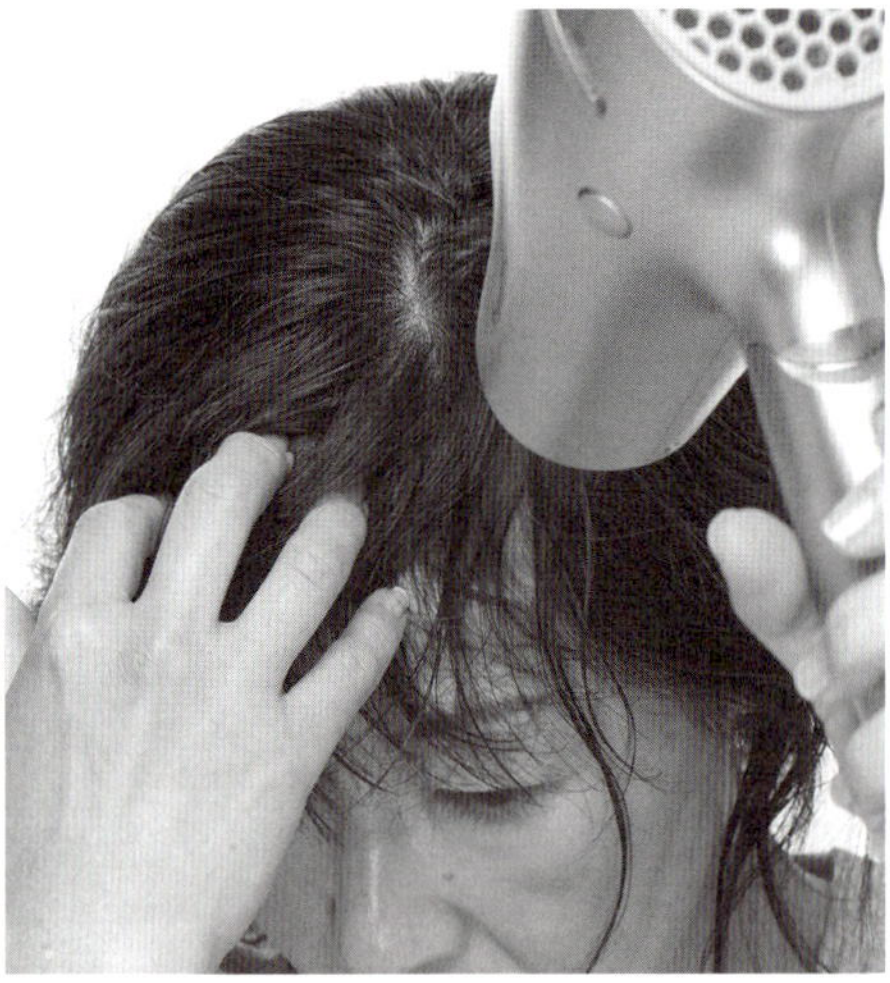

まずは前髪の根元から

最初に前髪の立ち上がりをつくります。指を根元にあて左右に動かしながら、風が根元にあたるよう乾かします。分け目を消すように指を動かして。

4

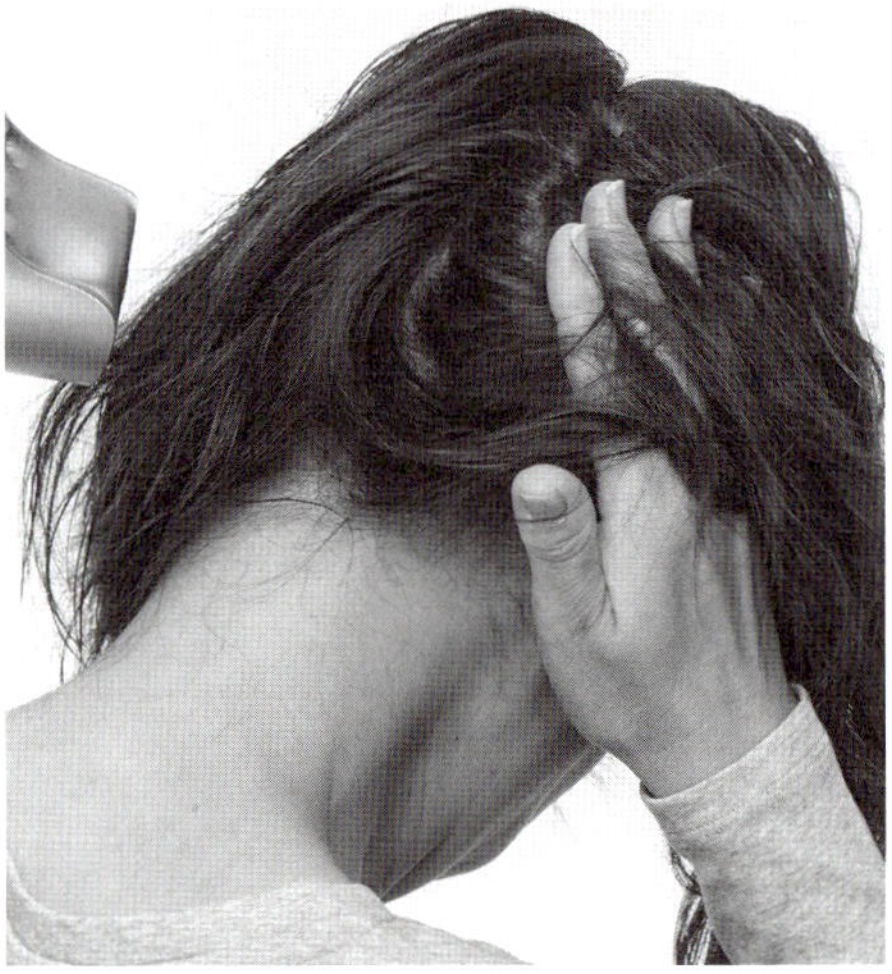

後頭部も根元から

頭を下げて、後ろの髪の根元に風があたるよう手で髪をひっぱりながら乾かします。髪は下方向ではなく、上や横に向けてひっぱるとボリュームアップ。

5

サイドと頭頂部も同様に

サイドと頭頂部も同様に根元から乾かします。頭頂部は分け目がきっちりつかないように、根元に指をあてて左右に動かしながら乾かして。

6

全体に手ぐしでふんわり

全体が乾いたら根元を立ち上げるように手ぐしします。髪は根元が立ち上がれば、自然と内側にまとまります。前髪も指を通し分け目がつかないように。

寝る前の10分ドライヤーテクで
こんなに自然なスタイリングが完成!

Front

Top

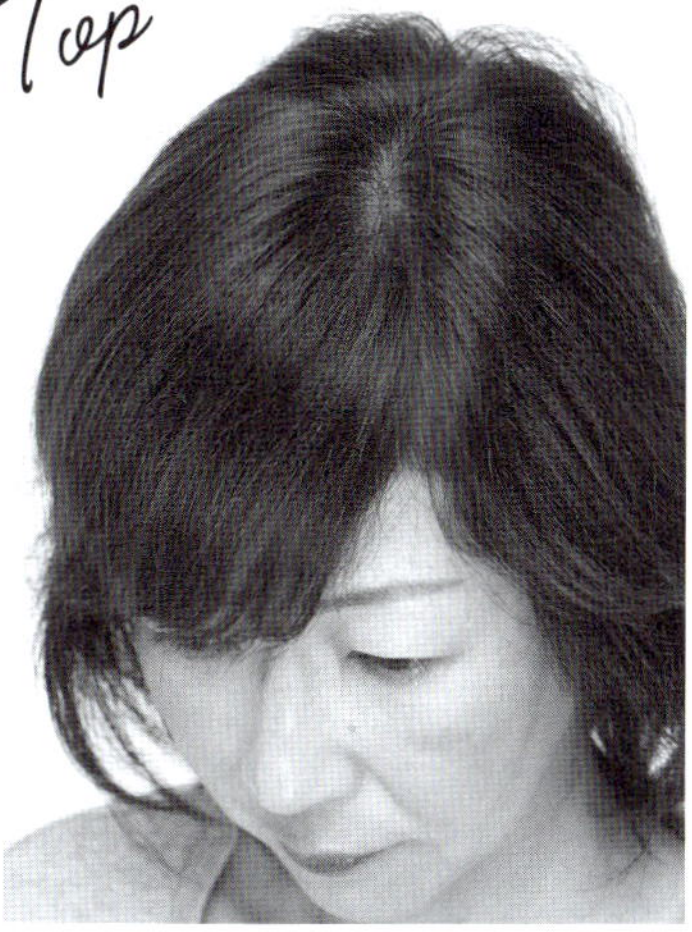

Side

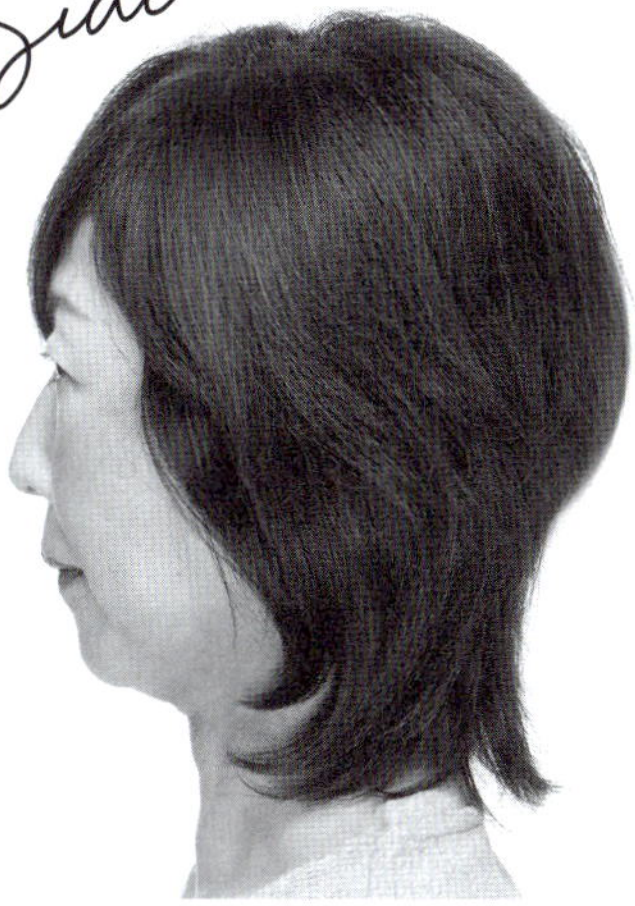

Back

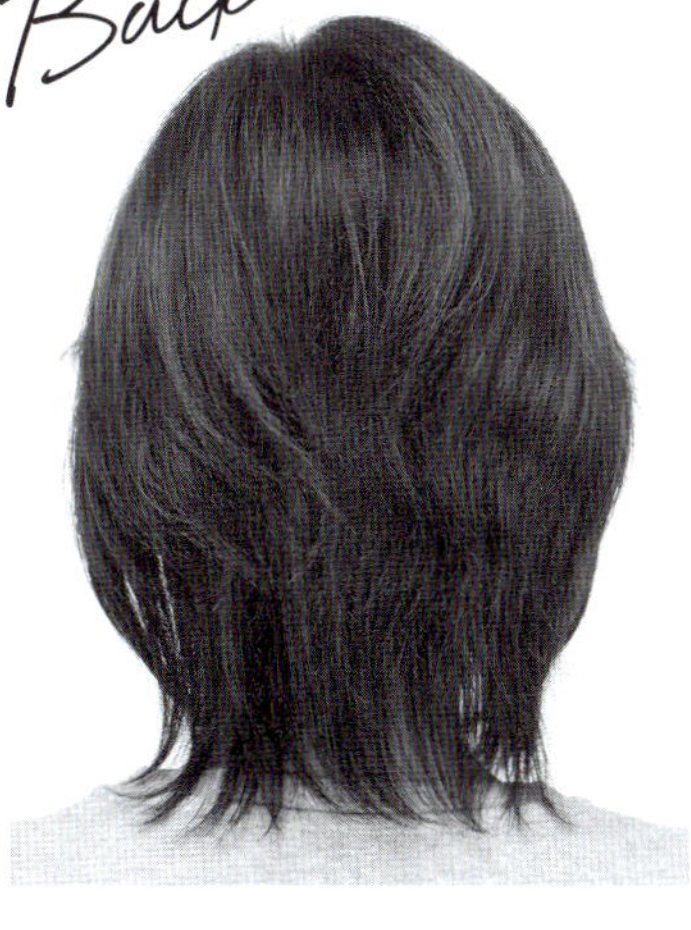

寝るのが惜しいくらいの、ボリュームヘア完成

髪の根元の立ち上がりを意識して乾かすことで、髪の量を多く見せることができます。また、分け目がきっちりつくと髪が薄く見えてしまうので、分け目を曖昧にぼかすように乾かしました。トップはふんわり、サイドもブラシを使ってブローしなくても、自然にまとまっています。翌朝のスタイリングは、この状態を整えればいいのでグッと楽になります。

忙しい朝の5分間セット法、教えます

Funatsu's Advice

生乾きのまま寝てしまってついたボサボサ感や寝グセは、簡単には取れませんが、きちんと夜に乾かしておけば、朝は5分で寝グセのないふんわりとしたスタイルが決まります。根元の立ち上がりを復元して、少しニュアンスを加える程度でできあがり。誰でもこなれて見える簡単スタイリング法を、髪質別に解説します。

CASE 1

【ぺたんこ・うねりヘアさんの5分間セット法】

Start

1

~30秒

軽く根元を起こして

まずは手ぐしで髪の根元を立ち上げる。髪がぺったりしている場合は下を向いて、毛流れに逆らって手ぐしを入れるとふんわりします。根元から手を入れるのがポイントです。

2

~90秒

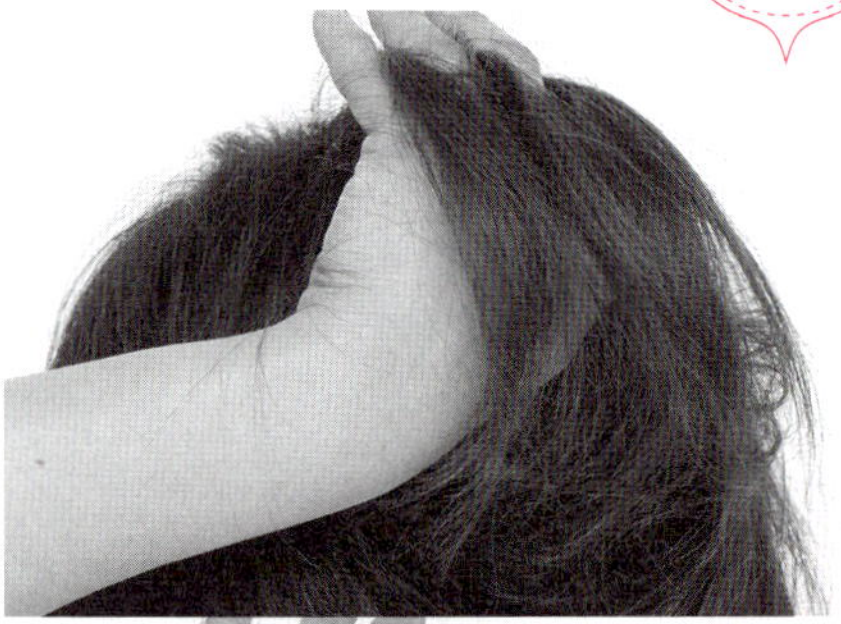

特に気になるトップを復元

寝て起きたら後頭部がぺちゃんこになっていることもよくあります。そんな場合は、下から手を入れて、指の間に髪を挟んで持ち上げます。ドライヤーの風が根元にあたるように下からあてて、根元を起こすように立ち上がりをつけます。

Finish

5分足らずでふんわりヘア完成

ぺたんこさんのキモは根本の立ち上がり。洗髪後にドライヤーで完全に乾かすことで翌日、うねりが出にくくなります。

ありがち
NG!

ヘアスプレーは上からかけないで!

せっかくつくったふんわりヘアに、上からヘアスプレーをかけるとぺちゃんこに潰れる原因に!

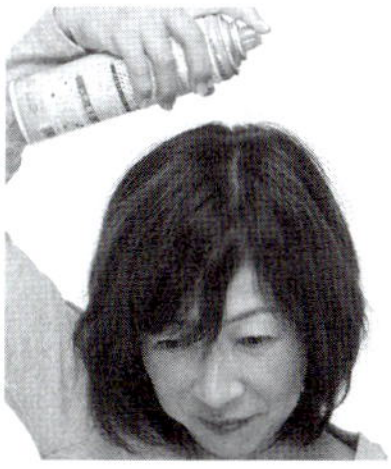

3

~4分

サイド、顔まわりも同様に

顔まわりもボリュームを復元させるため、根元から指を入れて、ドライヤーの風をあてていきます。サイドから後頭部へかけて風をあてていきましょう。髪は高めに持ち上げ、風は下からあてる意識で。

4

前髪は指を横に動かして

顔の印象を決める前髪は、分け目をきっちりつけずにふわっと。根元にドライヤーの風をあてながら、指を左右に動かしていきます。これで分け目がぼかされてボリューム感のある若々しい前髪に。

CASE 2

【ゴワつく硬いヘアさんの5分間セット法】

Start

1

～30秒

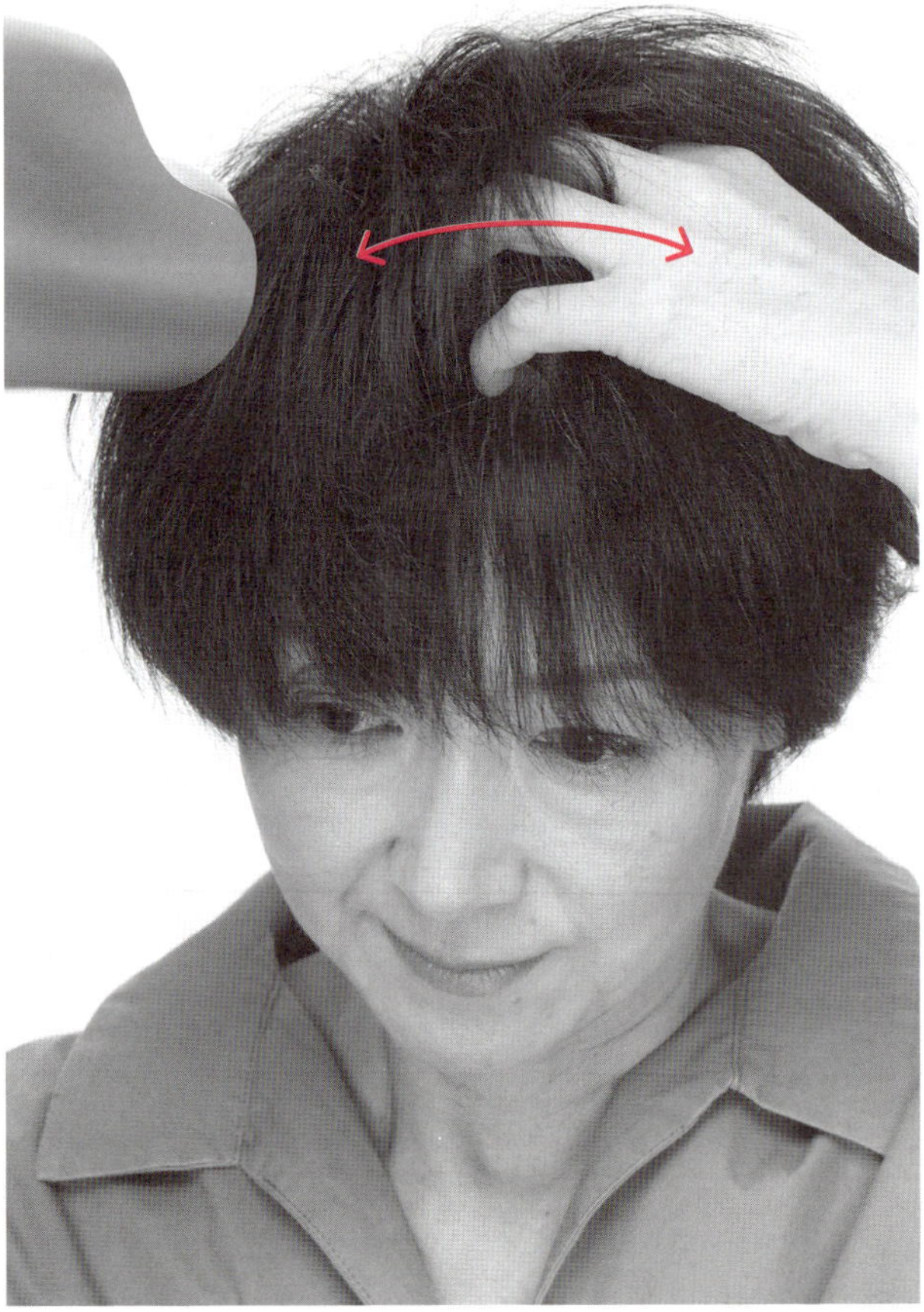

前髪の分け目からスタート

前髪の分け目に指を入れて左右に動かしながら、根元にドライヤーの風をあてる。根元のクセが取れ、前髪が扱いやすくなります。ここでしっかり根元のうねりを取らないと、次の工程でキレイにまとまらないのでていねいに。

2

～2分

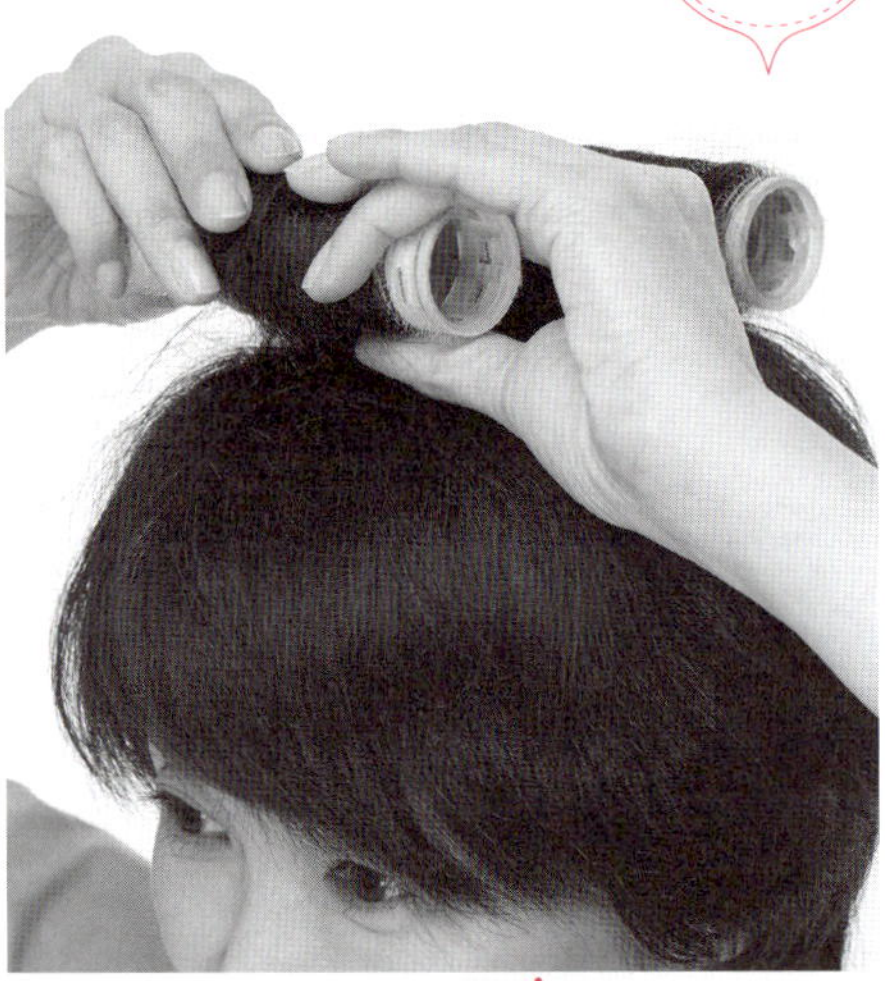

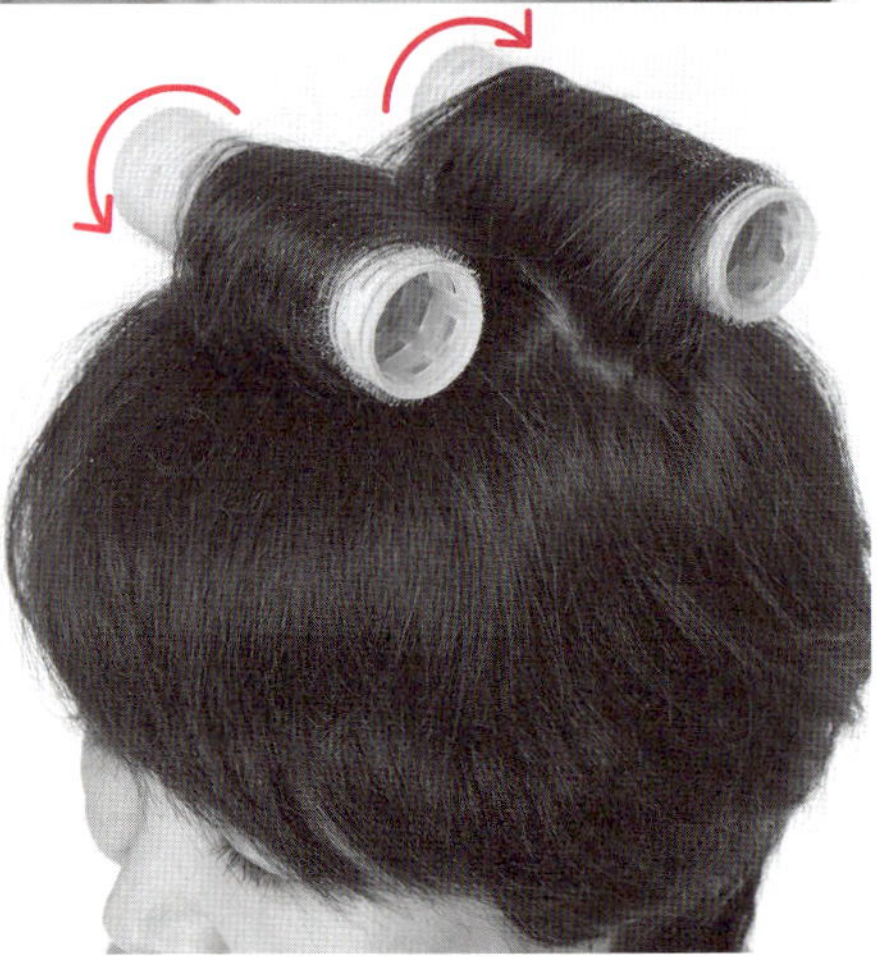

長めのカーラーを使い巻く

トップにボリュームを出すため、カーラーで頭頂部の髪を巻きます。頭頂部から前の髪は前方へ、後ろの髪は後方に向かって巻きましょう。カーラーは30㎜前後のものが使いやすくてオススメです。

Finish

ショートヘアでも女性らしい

前髪の分け目を曖昧にして流しただけの簡単ヘアスタイル。硬い髪もカールをドライヤーでしっかりクセづけすればふんわり感が長時間くずれません。カーラーは温風をあてないとカールが出ないので、ひと手間かけて。

3

～4分

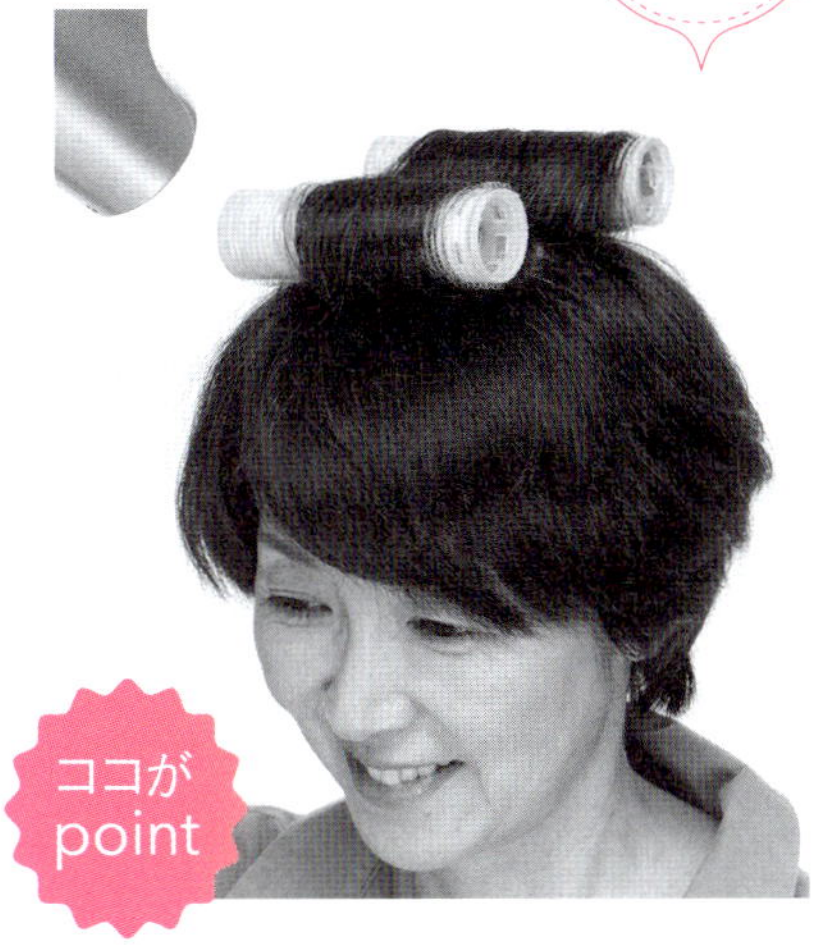

ドライヤーは温風と冷風を

カーラーのクセをつけるため、温風と冷風を使い分けて。ドライヤーの温風を30秒ほどそれぞれのカーラーにあて、しっかり温める。次にドライヤーの冷風でしっかり冷ましてカールをつけます。

4

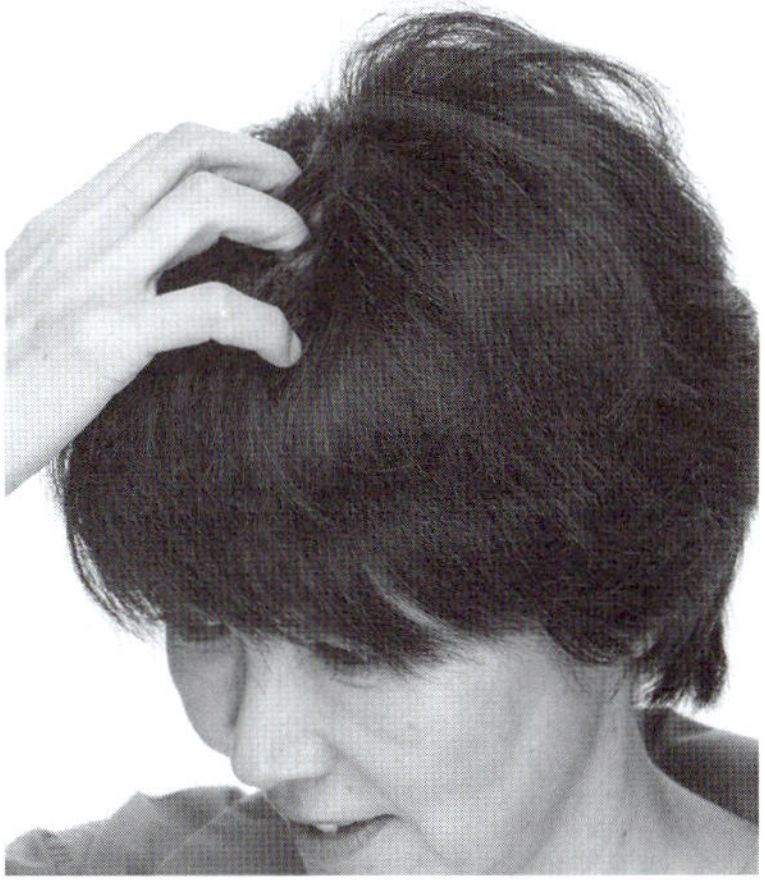

手ぐしでなじませる

カーラーを外し、巻いたところを手ぐしでくずす。カールした部分の根元に指を入れて左右に動かし、カールを自然になじませます。

CASE
3

【ボサボサ・まとまらないヘアさんの5分間セット法】

Start

~30秒

1

指を左右に動かし根元を立ち上げながら乾かす

髪の根元に指を入れ、分け目を立ち上げながら乾かしていく。指は左右に動かして、ドライヤーの風は頭皮に向かってあてるようにかけて。トップが潰れるので風は上からはあてないこと。

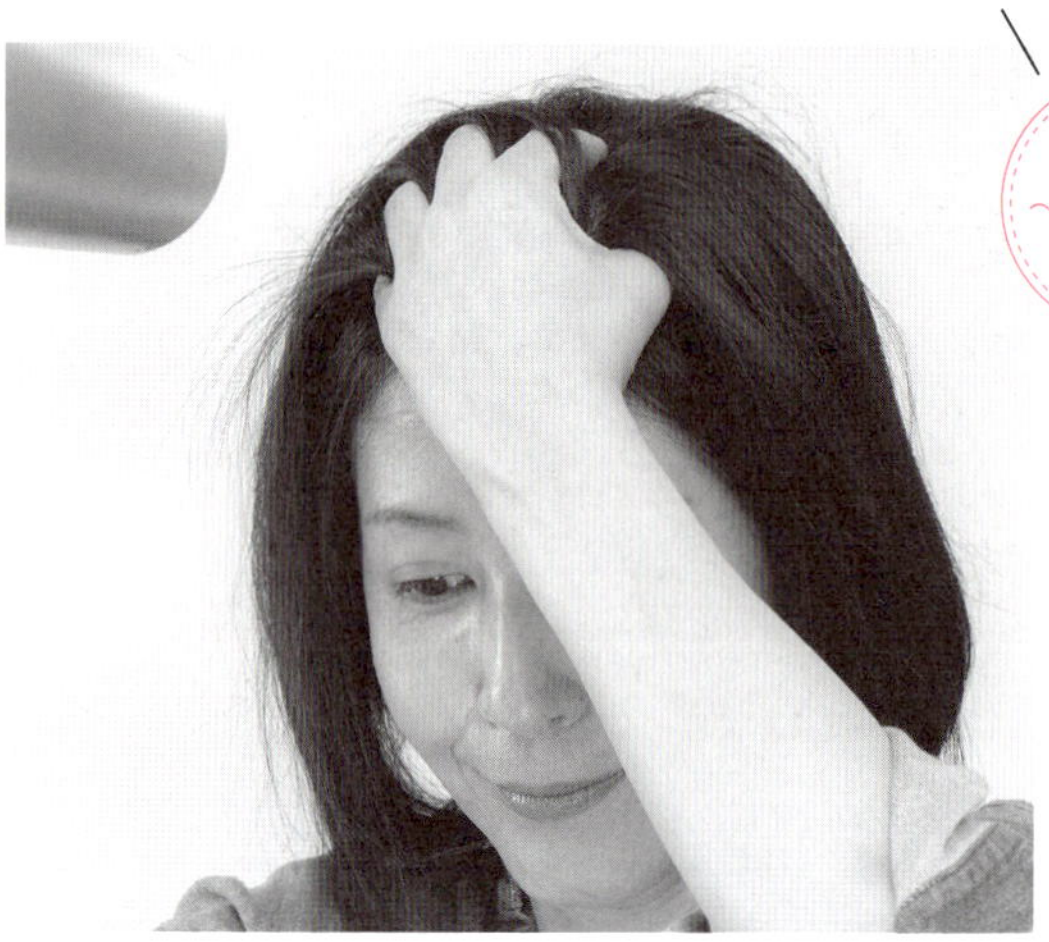

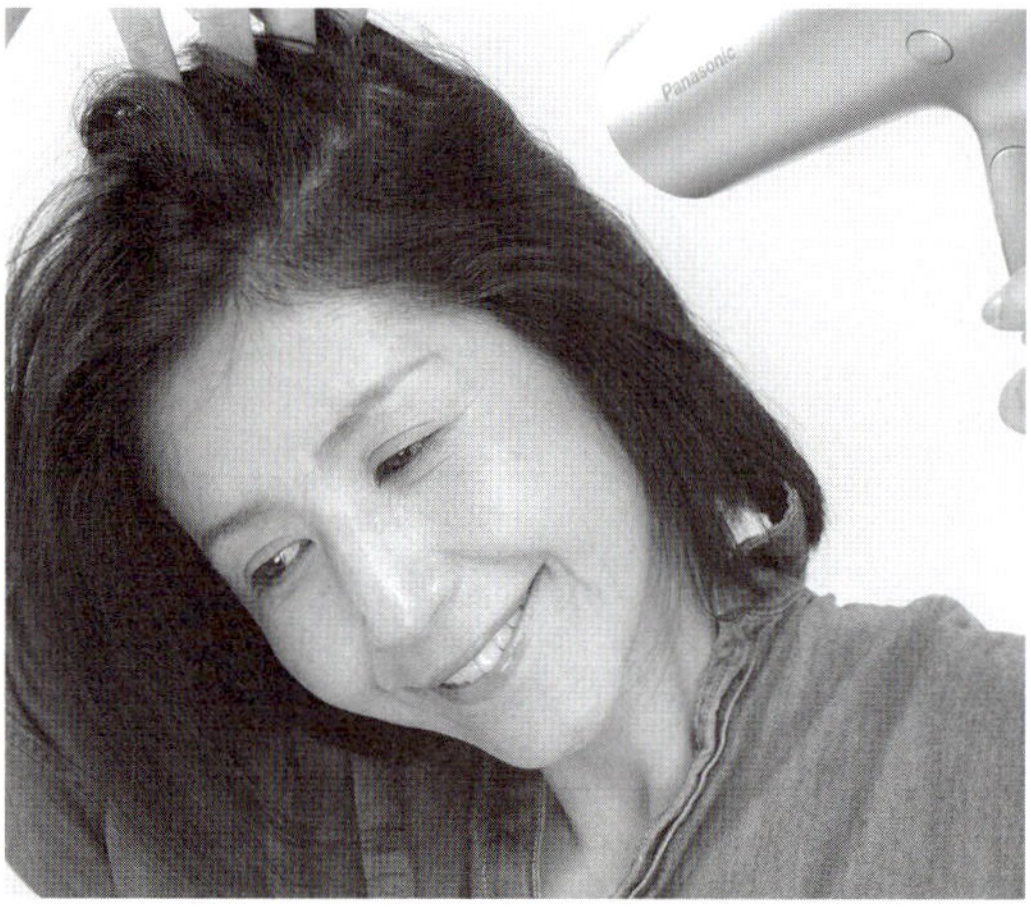

2

サイドは根元から毛先にドライヤーをあてていく

サイドの髪も表面ではなく、根元から毛先に風があたるように乾かして。乾かす側とは反対に少し首をかしげるとやりやすくなります。

~90秒

3

ブラシを使ってさらに髪を扱いやすく

髪をひっぱらないよう注意しながら、ブラシで根元から毛先へ下向きにブローしていきます。難しいならブラシでとかすだけでも○。

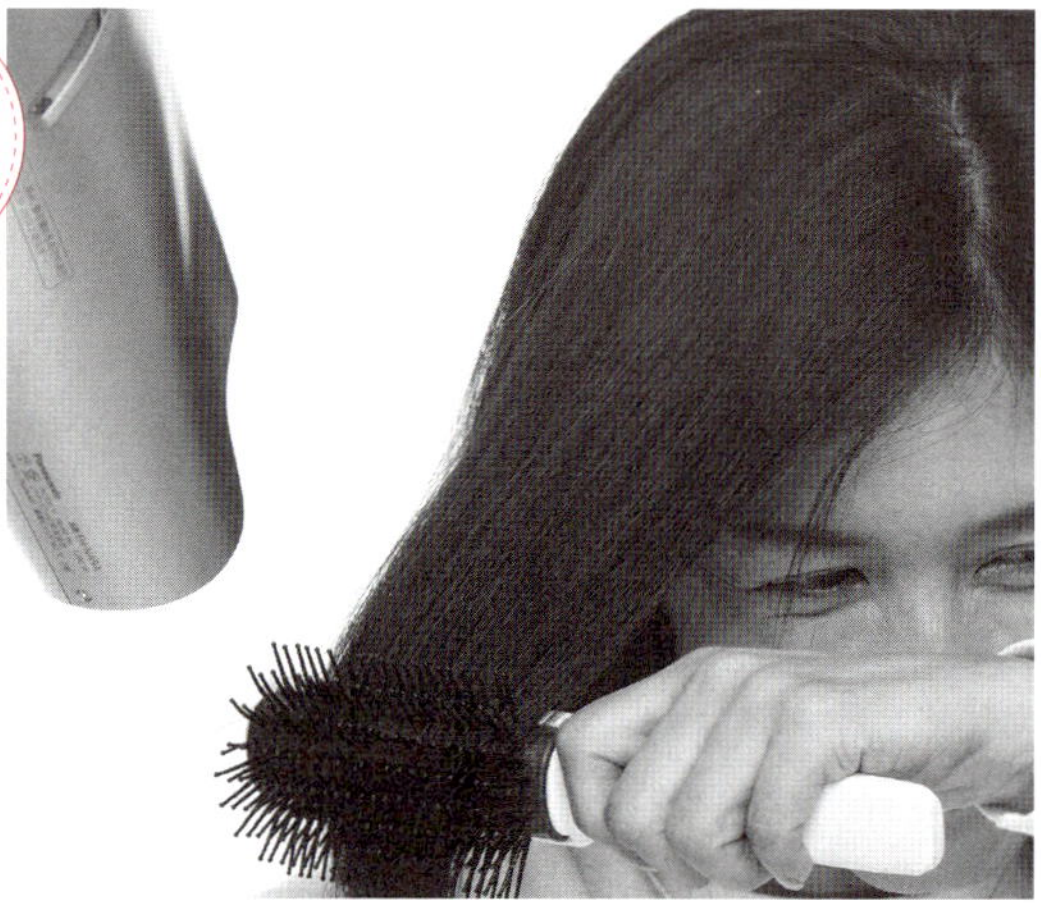

Finish

ふんわり立ち上がり自然にまとまった髪に

気になっていた寝グセや、広がりでボサボサになってしまう髪がキレイに整い、ブローとアイロンのダブル使いで表面に自然なツヤ感が復活しました。忙しくても５分でできる時短ヘアセットなら日常使いが可能です。

4

ココが point

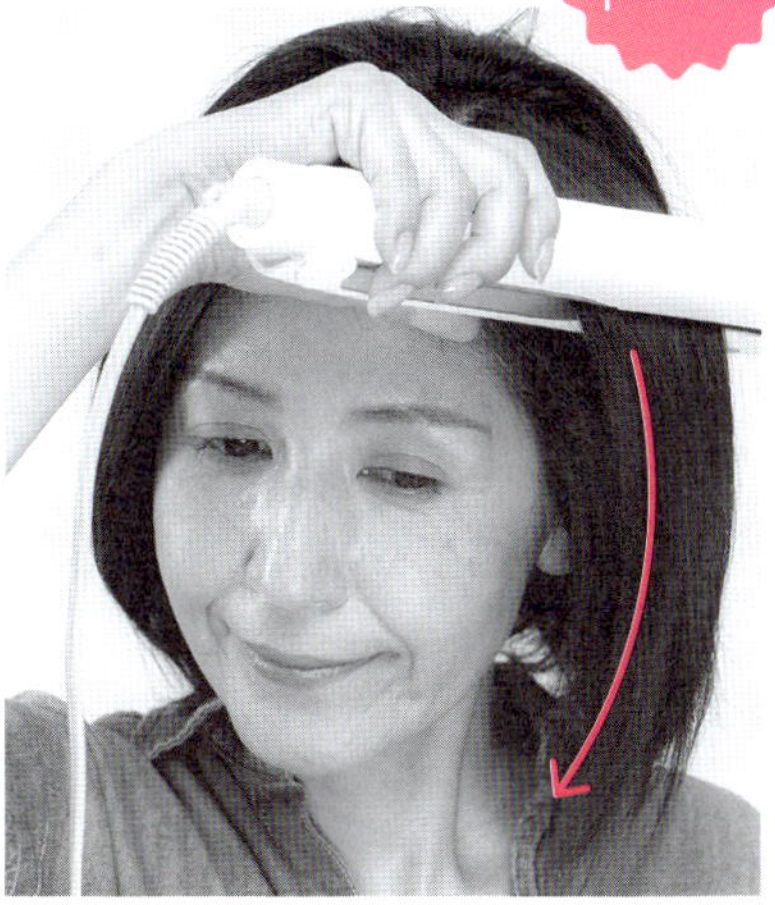

アイロンでもっとまとまる髪へ

クセやうねりが出ている場合は、髪の根元から毛先まで整える程度にヘアアイロンをあてましょう。半円を描くように下ろして髪をのばしていくのがコツ。アイロンで挟んだ髪を無理にひっぱらないように注意。

5

~4分

最後は手ぐしで整える

手ぐしで髪を根元からほぐしてなじませましょう。分け目も自然になるようにバランスを見ながら髪の毛全体を整えるとキレイに仕上がります。

いつものひっつめ髪が激変

オシャレなあの人との差は?
ニュアンスのあるひとつ結びのコツ

同じまとめ髪でも妙にオシャレに見える人と、そうでない人がいます。まとめ髪には、簡単だけど決定的にオシャレに見せるコツがあるのです。忙しくてもできる「こなれ感のあるひっつめヘアのアレンジ」をマスターして、“がんばらないのに素敵”をかなえましょう。

\ Start /

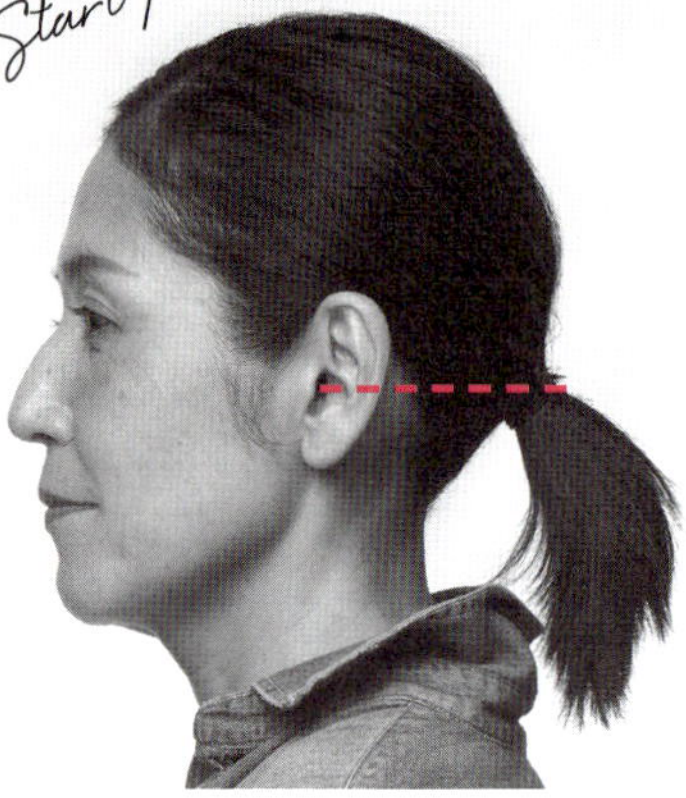

髪をまとめる位置は?

1 髪をひとつにして結び目が横から見て耳の真ん中のラインにくるようきっちり結ぶ。手ぐしでまとめたほうが自然に仕上がる。

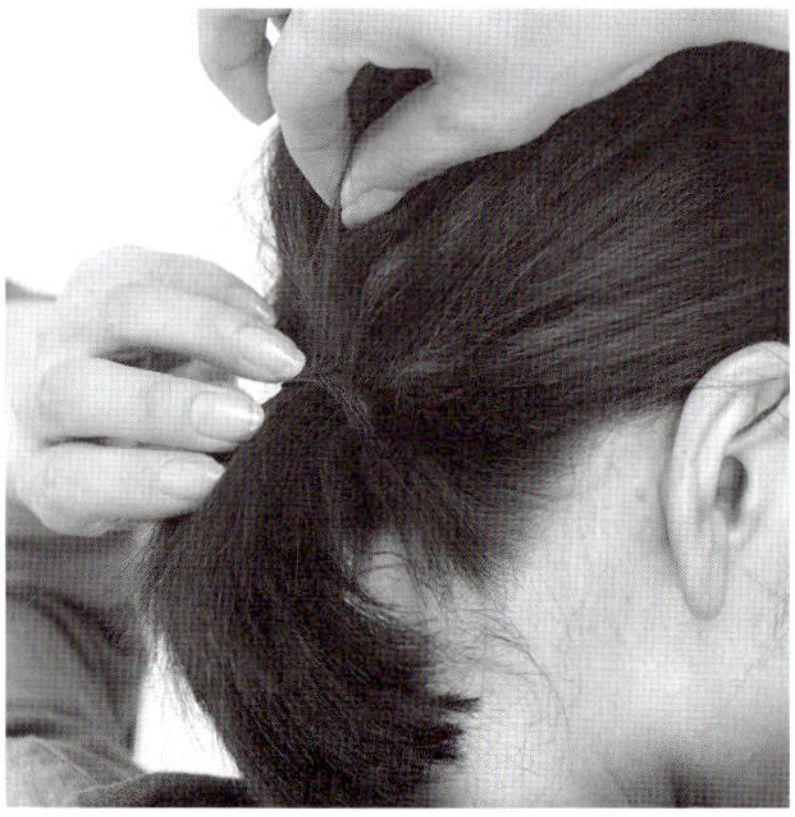

少しずつつまんで引き出す

2 片手で結び目を持ち、もう片方の親指と人さし指で結び目から3〜4cm上の髪を少しつまみ、軽く引き出す。3箇所ほど行う。

Before

忙しい時の定番ヘア。私がやるとさえないオバサン髪に……

ついついやってしまいがちな1本結びのひっつめ髪。分け目をつけてしっかり髪をまとめているせいかどこか堅い印象。生活感が出て、何を着てもオバサンっぽい。オシャレな人がやっているのと基本は同じはずなのに、何かが違う。

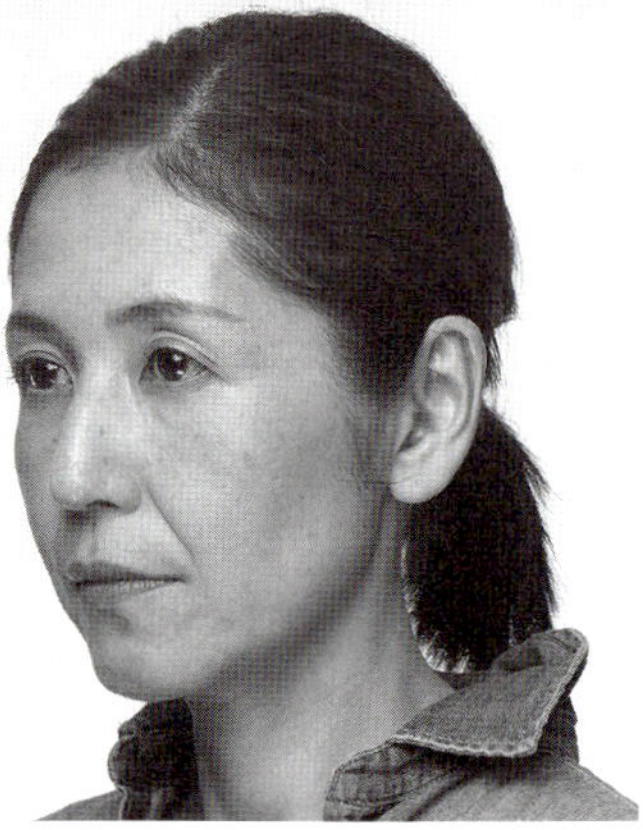

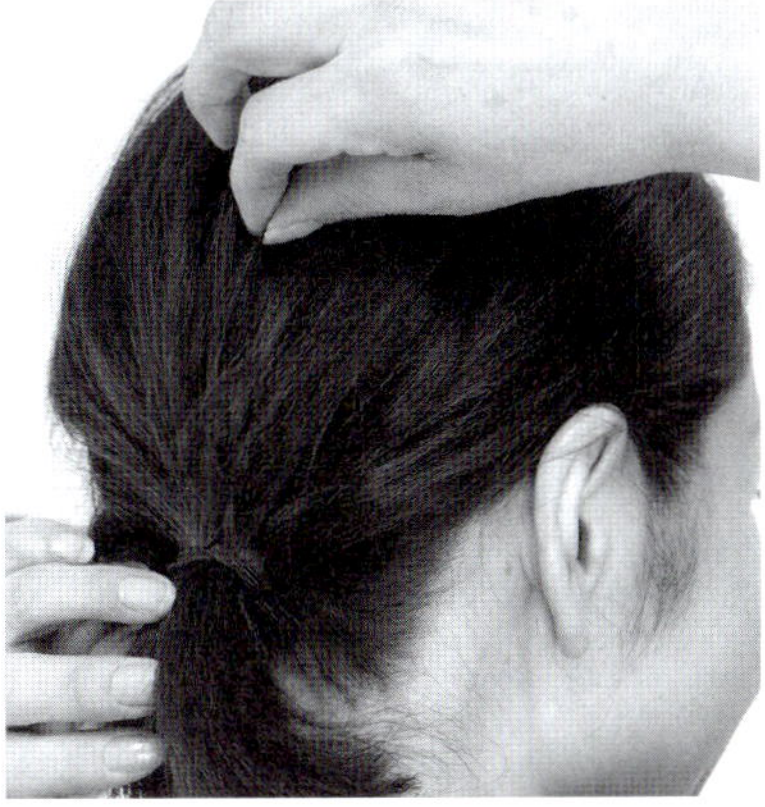

さらに3cm上の部分を引き出す

3

2 より少し上の髪を4箇所くらいつまんで引き出していく。一度につまむ量は髪の毛10本くらいの少量をイメージ。

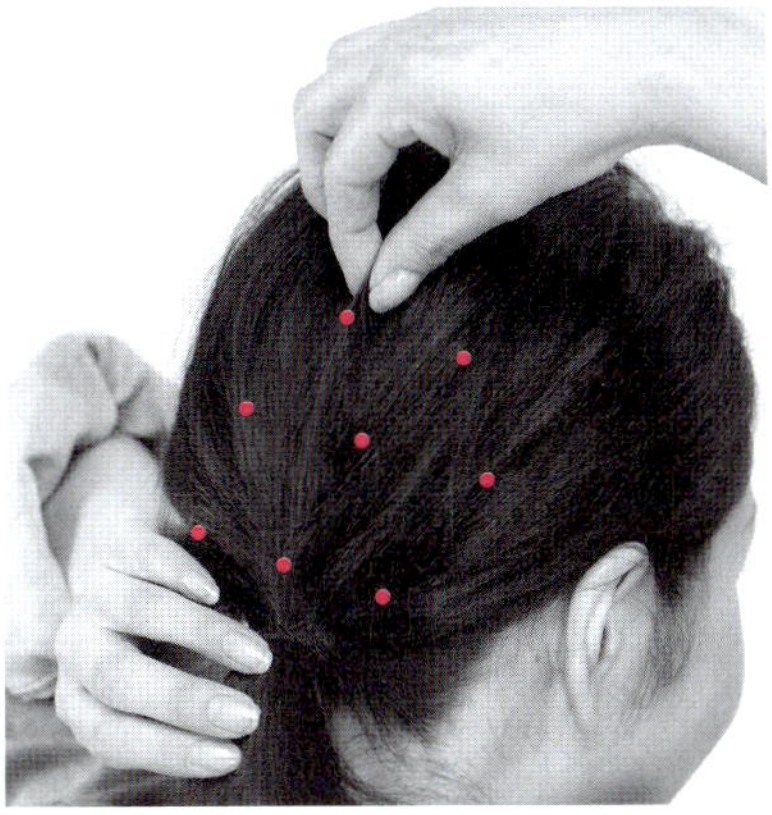

頭頂部の近くを引き出す

4

頭頂部の近くも同様につまんで引き出す。つまむ位置は下の段とかぶらないよう交互に。印の部分を目安にして。

NG!

つまむ量を間違えると失敗する

髪を一度にたくさん引き出すとスタイリングがくずれるので注意。少ないと感じる量で○。

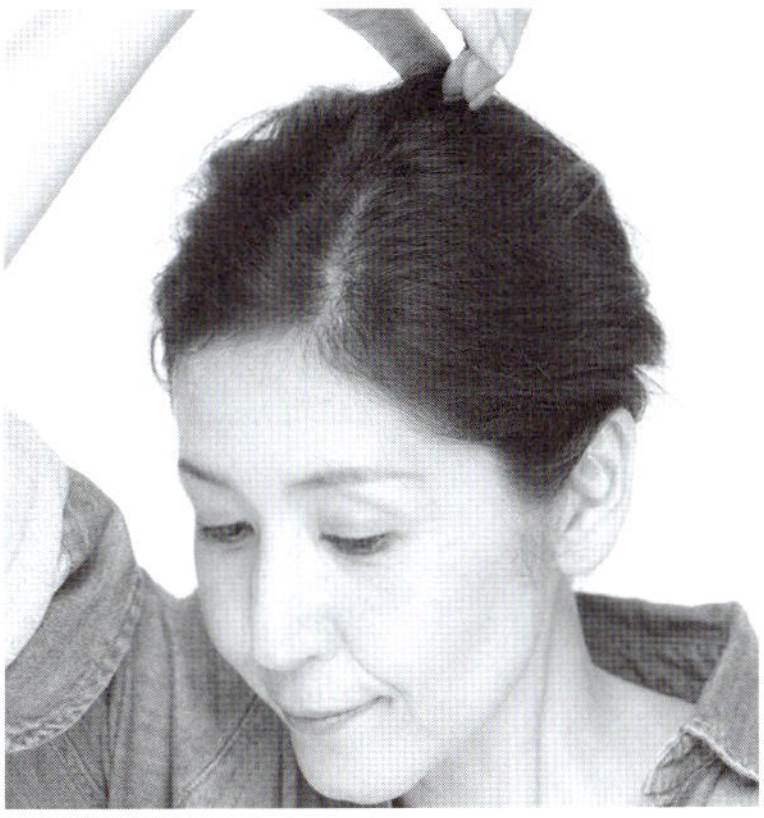

もみあげの髪は引き出さない

5

さらに頭頂部の髪を引き出して完成。もみあげの髪が膨らむと疲れているように見えてしまうので引き出さないよう注意。

Finish

立体的な無造作ヘアの完成!

トップに自然なボリュームが出るので、髪の量が少なくて悩んでいる人にもオススメなヘアアレンジ。横から見て後頭部が丸くなってオシャレな印象に。老けた印象になるので、もみあげの髪は引き出さないで!

Front

Side

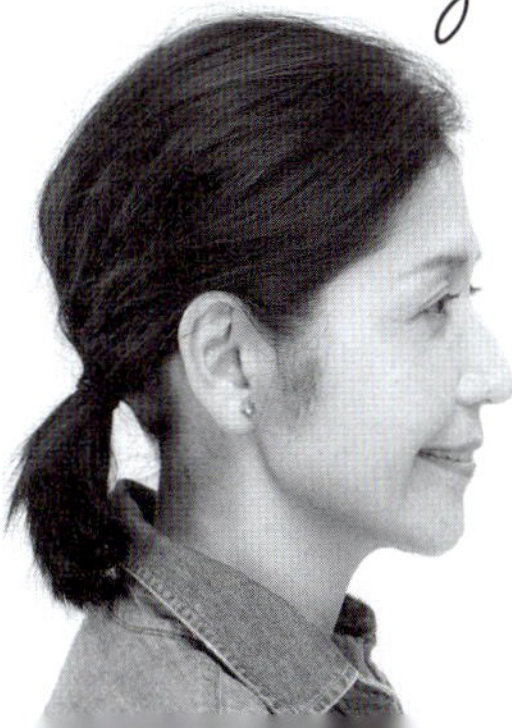

白髪を目立たなくするスタイリング法

髪のためには頻繁に染めるより スタイリングでごまかして

美容室に来る50代のお客さまからの相談で、いちばん多いのは「白髪の悩み」です。

早い人だと、白髪染めをしても10日もすると根元の白髪が気になってきます。気になるたびに染め直すのはお金もかかりますし、髪にダメージを与えてしまうので、現実的には難しいと思います。

そこで、簡単に白髪をごまかす方法として、「白髪の目立たないスタイリング法」をオススメしています。

生え際や分け目にある白髪はとても目立つので、分け目がはっきり出ないようにブローするとよいでしょう。P72〜でも解説しましたが、髪を洗ったあと、適当に乾かすと、いつもの分け目で自然に分かれてしまうので、分け目の位置に指を入れ、分け目を消すように左右に動かしながら乾かすことを徹底してください。

また、下のNG写真のように前髪をあげていると根元の白髪が目立ちます。伸びかけの時期には、前髪は下ろすほうがいいでしょう。もみあげに白髪が出る人は、髪を耳にかけないほうが、ごまかしが効きますよ。

OK

分け目のないスタイル

白髪を目立たせないためには、生え際を極力出さないこと。分け目を曖昧にして前髪を下ろし、耳は出さないスタイルがベストです。

NG

分け目きっちりスタイル

フェイスラインや耳を出すスタイリングでは、伸びかけの生え際の白髪がとても目立ってしまいます。

美容室に行くまでのつなぎ期間、伸びかけの白髪への対処法

オススメは髪にやさしいカラートリートメント

白髪のケアは、月イチくらいのペースで美容室で染め、その間はご自身でしのぐ、という人が多いと思いますが、美容師の観点から言うと、市販品を使ったホームカラーはあまりオススメできません。市販品は誰でも染まるように染まりづらい人に合わせて薬剤の設定がしてあるので、ダメージの原因になる場合も。どうしても使用したい場合は、根元だけを染めるようにしてください。

セルフで行う場合は、染まりが弱いかもしれませんが、カラートリートメントやヘアマニキュアをオススメします。髪の表面に色がつくだけなので、ダメージなく、ある程度の白髪のカバーが期待できます。

急いでなんとかしなきゃ！　という場合は、ヘアマスカラなどでその日だけカバーするとよいでしょう。

Funatsu's Recommend

1回5分、使うたび色づくカラートリートメント

DHC Q10 プレミアム カラートリートメント
235g ¥2500（DHC）

塗るだけ簡単白髪かくし用ヘアマスカラ

スティーブンノル コレクション ハイドロシャイニング ヘアマスカラ 8g ¥1200（編集部調べ／コーセー）

広範囲な白髪を自然にカバーできるスティックタイプ

キスミー フェルム
白髪カバースティック
7.6g ¥1100（KISSME（伊勢半））

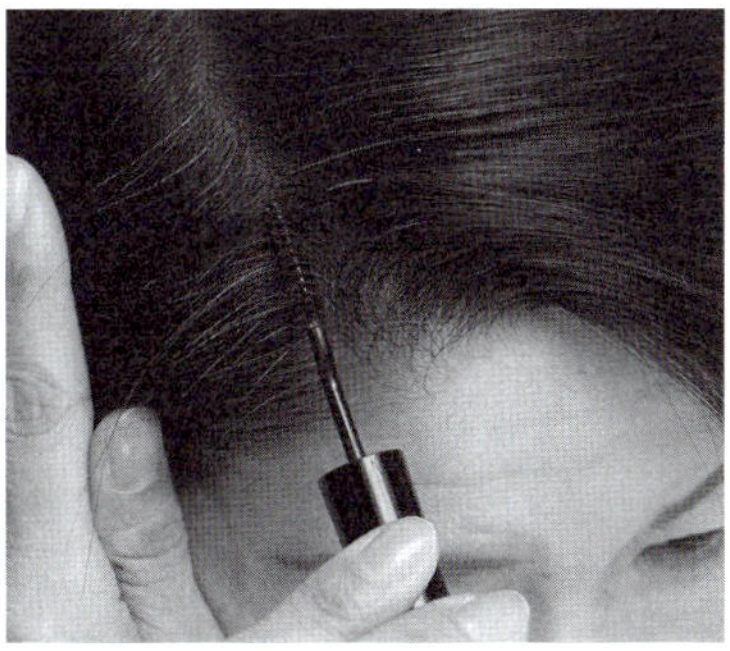

応急処置には
マスカラタイプが大活躍！

1本だけ悪目立ちしている場合はマスカラタイプが、分け目や生え際など広範囲を隠すにはスティックタイプがオススメです。

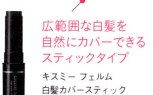

髪のボリュームアップにはシャンプーとトリートメントを見直してみるのも手

しっとりタイプを使っているならハリコシ・サラサラタイプに

もし、髪のボリュームが出ないと悩んでいて、「しっとりタイプ」のシャンプー・トリートメントを使っているなら、**「ハリ・コシタイプ」、もしくは、「サラサラタイプ」に変えてみることをオススメします**。最近は、年齢を重ねた女性向けの「ハリ・コシ」「サラサラ」タイプのシャンプー・トリートメントが、たくさん発売されています。

50代以上の女性は、「サラサラタイプ」よりも「しっとりタイプ」を選ぶ傾向があります。年齢を重ねると、どうしても髪のクセやうねりが強く出るようになるため、それを抑えてくれそうな「しっとり」を選んでしまいがち。でも、実は**しっとりタイプには油分が多く含まれているので、髪のボリュームが出なくなってきた人が使うと、よりペタっとする原因になってしまいます**。

髪のクセやうねりは、P72～ご紹介したドライヤーテクニックでかなりまとまりやすくなりますし、P90で解説するアウトバス用品を使うことでも改善が期待できます。

Funatsu's Recommend

弾力感と保湿感、どちらもかなえてくれる

上品なブーケの香り。右／プラーミア エンリッチド シャンプー 200ml ¥2000 左／プラーミア エンリッチド ヘアトリートメント 200ml ¥3000（ミルボン）

うるおいのある頭皮へ導く成分が配合された逸品

頭皮ケアに特化し髪を元気に。右／メディルックα スキャルプシャンプー 500ml ¥2800 左／メディルックα スキャルプコンディショナー 500ml ¥2800（ホーユー）

髪が若返る！正しいシャンプー・トリートメント法

髪を元気にしたいなら洗髪よりも「洗頭皮」

シャンプーは髪を洗うものだと思っていませんか？　いいえ、「頭皮を洗うもの」です。頭皮をマッサージするように、爪を立てず指の腹でやさしく洗うのが正しいシャンプー法です。髪の汚れはお湯ですすぐだけで8割方は落ちますし、整髪剤等も、頭皮を洗ったシャンプーが流れていくだけでも十分キレイになります。また、トリートメントは髪の根元からつけてはいけません。根元に油分がつくと、ボリュームの出ないぺたんこヘアの原因になります。トリートメントは、毛先から髪の中間くらいまでにつけるのが正解です。

頭皮をきちんと洗えていない人は意外と多いです。ヘッドスパの際に、お客さまの頭皮の様子をカメラで確認していたのですが、毛穴が皮脂で詰まっている方がかなりいらっしゃいました。毛穴が詰まると、栄養が髪にいきわたらないので髪の元気がなくなり、ボリュームダウンの原因にもなります。せっかくスカルプケア剤などを使っても、効き目が出にくくなるというデメリットも。若々しい髪を保つため、正しいシャンプー・トリートメントの方法をぜひ覚えてください。

シャンプーは頭皮のみに

シャンプーの量は超ロングでなければワンプッシュ程度でOK。シャンプーをつける前に髪全体をお湯ですすぎ、髪の汚れを落としてから頭皮を洗いましょう。

トリートメントは毛先だけでOK

トリートメントの目的は髪の補修。根元が傷んでいる人はいないので、つける必要はありません。すすぎは手で触ってヌルっとしていたらまだ足りません。ツルっとするまでを目安に。

顔のリフトアップ効果も！ 髪が元気を取り戻す
洗髪ついでの〝3分間頭皮マッサージ〟

頭皮と顔の皮膚は1枚でつながっています

頭皮をきちんと洗うことに加えてぜひ習慣にしていただきたいのが、マッサージです。頭皮の血行がよくなると、栄養が髪にしっかりといきわたるようになるので、髪が元気を取り戻すことが期待できます。

また、顔の皮膚と頭皮は、実は1枚の皮でつながっています。ですから、頭皮がたるんでくると顔もたるんでくるのです。お顔のたるみに悩んでいる人の頭皮を触ると、とても硬いことが多く、しなやかな頭皮はお顔の若返りにも効果があると痛感しています。頭皮マッサージは、髪にいいだけでなく、顔のリフトアップ効果も期待できて一石二鳥です。

やり方はとても簡単です。

まず、親指以外の4本指を使って、頭全

Start

①

まずは頭の前面から頭頂部までをマッサージ。両手の小指が額の真ん中にくるように、親指以外の4本指を額の生え際にあてたら、いち、に、さーんと円を描きながら頭頂部までもんでいきます。

④

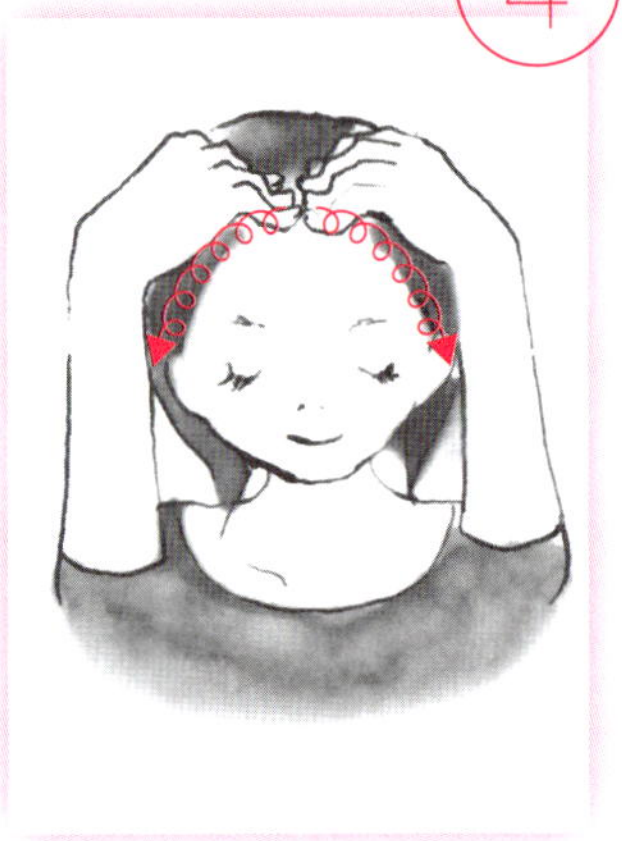

今度はフェイスラインをマッサージ。両手の小指が額の中心にくるように親指以外の4本指を頭に置き、円を描きながらフェイスラインに沿ってもみあげまでおりていきます。

②

次に側面からもマッサージ。両手の小指が剃りこみ部分の生え際にあたるように４本指を置き、頭頂部までマッサージ。その後はこめかみを始点に後頭部までもんでいきます。

③

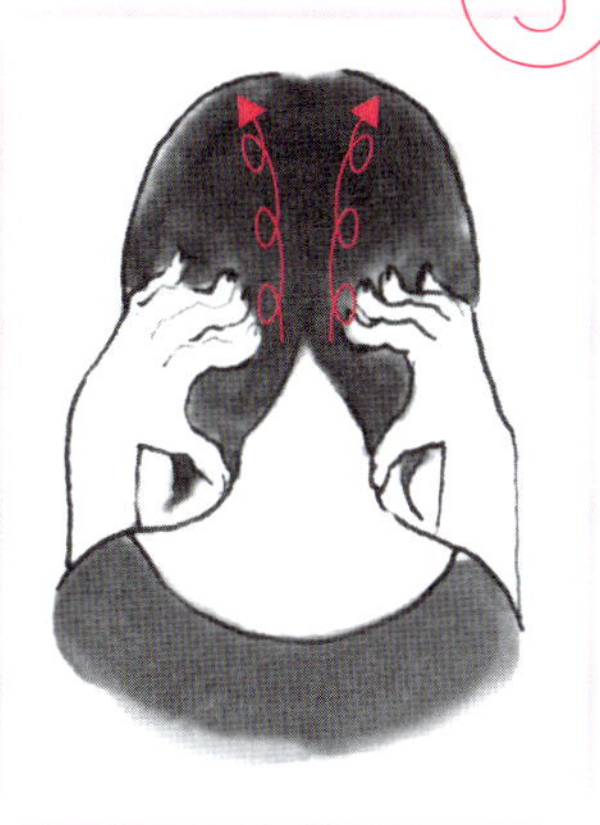

後ろ側もマッサージ。親指以外の４本の指を襟足の生え際にあて、頭頂部に向かって円を描きながらやさしくマッサージしていきます。

⑤

もみあげまできたら手を返して親指を耳の前のくぼみにあて、親指で指圧します。

⑥

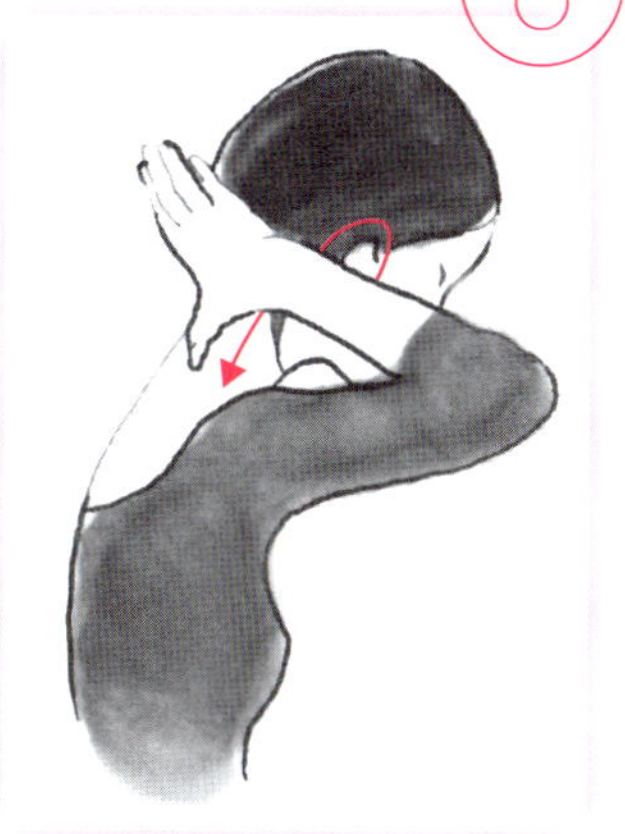

耳の後ろを通って首の付け根まで、親指でぐーっと指圧しながらおりていきます。

※①〜⑥を2〜3回繰り返す

体を円を描くように、頭皮が動く感じがするくらいもんでいきます。

次に親指以外の4本指で、フェイスラインに沿って生え際を指圧していきます。最後に親指でこめかみから耳の後ろを通って、首の付け根まで指圧していきます。

ポイントは爪を立てず指の腹を頭皮にあてること。髪をこすらないようにしましょう。

特別時間を割かなくても、髪を洗ったあとの湯船に浸かっている間を利用すれば十分です。3分で終わります。お金も時間もかけずにキレイになれる習慣として、取り入れてみませんか？

髪のボリュームが欲しい人は、頭皮マッサージの際に炭酸クレンジングを使用するとより効果的ですので、週に一度のスペシャルケアとして行うのもオススメです。

Funatsu's Recommend

弾力のある濃密な炭酸泡でディープクレンジング

地肌がつややかに。プラーミア クリアスパフォーム 170g ¥2500（ミルボン）

髪のボリュームアップ&クセを抑えるのに効果大。アウトバス用品でワンランク上の仕上がりに

髪の悩みが深い人の救世主的アイテム

髪をもっとボリュームアップさせたい。手触りをさらによくしたい、もっとクセを抑えたいなど、〝普通のトリートメントだけではまだ効果が足りない〟と感じている人は、アウトバス用品を使ってみてください。

アウトバス用品とは、〝お湯で流さないトリートメント〟のことです。オイルタイプ、ミルクタイプ、ミストタイプなどさまざまな種類があります。

基本的には、タオルドライ後、ドライヤーをかける前の髪につけるものなのですが、絶対に守ってほしいのは、つけすぎないこと。特に、オイルタイプやミルクタイプは油分が多く含まれているので、つけすぎると髪がぺったりして、かえってボリュームダウンの原因に。たくさんつけたほうが効果が高くなるというわけではありません。パッケージに記載されている適性量を必ず守るようにしてください。また、髪の根元からつけるのはやめましょう。特に気になる部分の毛先から髪の中間くらいまでのばせば十分です。

Funatsu's Recommend

まとまり用

思い通りにスタイリングできる素直な質感へ導く

ディーセス エルジューダ エマルジョン 120g ¥2600（ミルボン）

Funatsu's Recommend

ボリュームアップ用

ハリ・コシ成分を補い、髪のボリュームアップ

インプライム ボリュームアップミスト 200ml ¥1800（ナプラ）

ヘアサロン後のふんわりを自宅で簡単につくれる

プラーミア ボリューマライザー 120g ¥2400（ミルボン）

おでかけ先でボリュームのなさが気になったら
さっと使えるドライシャンプーでふんわり復活

時間がたつと髪がぺったりする人に◎

ドライシャンプーとは、いわゆる「水のいらないシャンプー」のことです。入院のときなどに使うもの、というイメージがあるかもしれませんが、髪がペタッとしてきたことに気づいたときに、サッと使えばボリュームが復活する優れものなのです。

たとえば、夜に髪を洗ってきちんと乾かしたのに、寝汗で髪がじっとりしてしまったときや、おでかけ前に髪のボリュームのなさが気になったとき、日中外で過ごしていて、汗や皮脂で髪がペタッとしてきたときに便利です。

使い方は、普通のシャンプー同様、頭皮につけてマッサージするようにもみ込みます。髪をゴシゴシこする必要はありません。

昨今、ちょっとした流行になっているようで、香りや使用感などのバリエーションも豊富になってきました。時間がたつと髪がぺったりしてくるという人は、お気に入りをみつけて1本携帯することをオススメします。

Funatsu's Recommend

グレープフルーツ&ライムの爽快な香りがクセになる

パウダータイプ。ドライミー！ ドライシャンプー 50g ¥732（ラッシュジャパン）

余分な皮脂やベタつきを吸収してくれる

パウダー状で使いやすい。ミネラルスタイリングパウダー 6g ¥2500（エトヴォス）

プチプラが嬉しい定番のロングセラー

フレッシィ ドライシャンプー（ディスペンサー）150ml ¥500（編集部調べ／資生堂）

地肌と髪のベタつきを瞬時にリセット

スティーブンノル ドライ シャンプー 80g ¥1200（編集部調べ／コーセー）

「髪の勢いがなくなった」。その悩みには女性向けスカルプケア剤がオススメ

おじさんのためのものではない！ キレイな女性のマストケアアイテム

50代のお客様から、「更年期を迎えてから、髪の元気がなくなってきた。抜け毛も増えた気がする」というご相談を受けることがよくあります。そうした悩みを持つ人に、スカルプケア剤の使用をおすすめしたところ、劇的に改善されたと複数の報告を受けました。

スカルプケア剤というと、おじさんのためのもの、と思う人もいるかもしれませんが、昨今は女性向けのものもたくさん発売されていて、美意識の高い女性の間では常識になりつつあります。スカルプとは、頭皮のこと。つまりスカルプケア＝頭皮のケアという意味となり、男女関係なく、髪の悩みを改善するには大いに有効なのです。

スカルプケア剤には、毛穴に詰まった余分な皮脂や汚れを取り除いたり、頭皮にうるおいを与え、環境を整えるなどの効果があります。髪の土台である頭皮の環境がよくなれば、髪も元気を取り戻します。また、根元が立ち上がるので髪がふっくら見え、若々しい印象を与える効果もあるのです。

Funatsu's Recommend

毛髪科学と皮膚科学の観点から美髪を育む

CA101 薬用スカルプエッセンス120ml ¥6000＜医薬部外品＞（エル・ド・ボーテ）

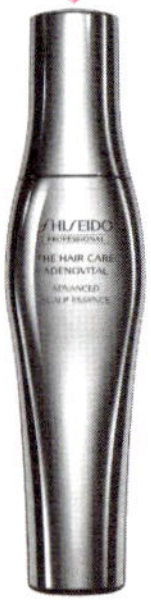

薄毛や抜け毛を予防しながら発毛を促進

ザ・ヘアケア アデノバイタル アドバンスト スカルプエッセンス 180ml ¥7000＜医薬部外品＞（資生堂プロフェッショナル）

頭皮ケアでハリ・コシのある美しい髪に

ルネセア ヘア＆スカルプ コンセントレート バイタライザー 150ml ¥6000（アルビオン）

血行促進効果で頭部の巡りを高める美容液

アユーラ ビカッサヘッドセラム 120ml ¥4300（アユーラ）

髪の若見えにはＵＶケアがマスト

髪のツヤが損なわれると女性は老けて見えます

髪が見た目年齢に影響を与えるポイントは2つ。ひとつはボリューム。そして、もうひとつはツヤ感です。

20代でも、髪にツヤがなくパサパサだとずいぶん老けて見えますし、髪がツヤツヤなシニア女性は、10歳近く若く見えます。髪も肌と同様、若く見られたいならツヤ感がマストなのです。

髪のツヤの大敵となるのが、紫外線です。髪の若見えのためには、紫外線の強い春夏は、絶対にＵＶケアをしてほしいです。営業職などで屋外に出る機会が多い人には、一年中してほしいくらいです。

ＵＶケアといっても、帽子をかぶるだけでＯＫです。帽子が苦手な人は、下で紹介したアイテムを使うだけでずいぶん違います。肌にはＵＶケアをするのに、髪にしないのはナンセンス。髪も紫外線の影響でダメージを受けたり、退色します。今後は、肌のＵＶケアをするときには、髪のＵＶケアも一緒に行うように習慣づけましょう。

Funatsu's Recommend

UV フィルター配合で紫外線から髪を守る

ウォータプルーフ効果も。サン プロテクションクリーム 150ml ¥1800（ウエラ）

香りながら守る累計 100 万本の大ヒット作

ミーファ　フレグランスUV スプレー SPF50+・PA++++ 80g¥1200（ナプラ）

うるおいを与えて紫外線までカットする

エルジューダ サントリートメントセラム SPF25・PA+++ 120ml ¥2800（ミルボン）

髪に自然なツヤを与えながら紫外線から守る

スプリナージュ ＵＶシャワー　SPF23・PA++ 150ml ¥2200（アリミノ）

グレイヘアへの上手な移行の仕方

プリン状態をただ耐えるのではなく　その過程もあえて楽しんで

50代後半の働く女性から、「定年を迎えたら、染めるのをやめてグレイヘアにしたい」という相談を受けることが増えました。

しかし、**グレイヘアにするにあたっての最大のハードルが、きれいなグレイヘアになるまでの中途半端なカラーの状態、いわゆるプリン状態です。**これに耐えきれず断念してしまう人を今までたくさん見てきました。言ってしまえば我慢するしかないのですが、うまくつきあう方法もあると思います。たとえば、

・明るい色のメッシュを入れて白髪部分を目立たなくする。
・髪をバッサリショートにする。
・パーマを強めにかけてボリュームを出し、根元の白髪を目立たなくさせる。
・プリン部分を隠すための、部分ウィッグをかぶるetc.

白髪部分が伸びるのをひたすら待つのではなく、むしろその過程も楽しみながらグレイヘアに移行していただければと思います。

グレイヘアにすること自体、大きな勇気がいると思いますが、それによって得られることも多いです。たとえば、**ダメージのないキレイなナチュラルヘア、健康な頭皮、毎月のカラーをする時間とお金の節約など……。**

白髪というとまだまだネガティブなイメージを持たれがちかもしれませんが、昨今、世界的に**グレイヘアがオシャレで上品というイメージになりつつあります。**それが広がって、誰もが電車やエスカレーターなどでほかの人の視線を気にすることなく、自然体でいられるようになれば素敵だと思います。

SHOP LIST

アディクション ビューティ　0120-586-683
RMK Division　0120-988-271
アユーラ　0120-090-030
アリミノ　03-3363-8211
アルビオン　0120-114-225
アンブリオリス・ジャパン　0120-838-747
伊勢半　03-3262-3123
井田ラボラトリーズ　0120-44-1184
イプサお客さま窓口　0120-523543
イミュ　0120-371-367
ウエラお客様相談室　0120-411-524
SK-II　0120-021-325
エスティ ローダー　03-5251-3386
エトヴォス　0120-0477-80
エル・ド・ボーテ　0120-558-827
エレガンス コスメティックス　0120-766-995
オルビス　0120-010-010
貝印 お客様相談室　0120-016-410
花王（ソフィーナ）　0120-165-691
花王（ビオレ、キュレル、ケープ）　0120-165-692
カネボウ化粧品／カネボウインターナショナル Div.　0120-518-520
カバーマーク　カスタマーセンター　0120-117-133
協和 フラコラ　0120-572-020
クラランス お客さま窓口　03-3470-8545
クリニーク お客様相談室　03-5251-3541
晃祐堂　0120-013-388
コスメデコルテ　0120-763-325
コーセー　0120-526-311
資生堂・資生堂プロフェッショナル　0120-814-710
資生堂薬品 お客さま窓口　03-3573-6673
セザンヌ化粧品　0120-55-8515
ちふれ化粧品　愛用者室　0120-147-420
チャコット　0120-919-031
ディー・アップ　03-3479-8031
DHC　0120-333-906
ドクターシーラボ　0120-371-217
NARS JAPAN　0120-356-686
ナプラ　0120-189-720
パナソニック 理美容・健康商品ご相談窓口　0120-878-697
フォーマルクライン　0120-409-300
フローフシ　0120-963-277
ホーユー　お客様相談室　0120-416-229
ポーラお客さま相談室　0120-117111
富士フイルム　0120-596-221
マンダムお客さま相談室　0120-37-3337
ミルボン　0120-658-894
メナード　お客様相談室　0120-164-601
メビウス製薬　コールセンター　0120-432-010
ヤクルト ビューティエンス　0120-8960-81
ラッシュジャパン　0120-125-204
ラ ロッシュ ポゼ　03-6911-8572
リンメル　0120-878-653
レブロン　0120-803-117
ローラ メルシエ　0120-343-432

※本書に掲載している情報は2018年9月時点のものです。
商品の価格などは変更になる場合もございます。
また商品の価格はすべて、税抜表示になります。

悩みがぶっ飛ぶ
50代からのヘア&メイク術

発行日　2018年9月30日　初版第1刷発行
　　　　2018年11月20日　　第2刷発行

えがお写真館・船津有史

装丁・本文デザイン　最上真千子（最上デザイン事務所）P1～55、P65～71

本文デザイン　小鴨智暁（コガモデザイン）P56～64、P88～96
　　　　　　　山脇美佳　P72～87

撮影　難波雄史（扶桑社）カバー右、帯、本文
　　　吉原潤一（えがお写真館）カバー左、P6
　　　林 紘輝（扶桑社）P28、P50、P51　商品写真

イラスト　熊野チコ

構成・文・編集　石山照実（beautyeditor.jp）、小林賢恵
編集　友部綾子（扶桑社）

発行者　久保田榮一
発行所　株式会社 扶桑社
　　　　〒105-8070
　　　　東京都港区芝浦1-1-1　浜松町ビルディング
　　　　電話　03-6368-8870（編集）
　　　　　　　03-6368-8891（郵便室）
　　　　www.fusosha.co.jp

印刷・製本　大日本印刷株式会社

Printed in Japan
ISBN 978-4-594-08055-6